客観訴訟制度の存在理由

客観訴訟制度の存在理由

山岸敬子

信山社

はしがき

　私は，1994 年に『行政権の法解釈と司法統制』（勁草書房）を，2004 年に『客観訴訟の法理』（勁草書房）を著した。『行政権の法解釈と司法統制』は，行政権力による恣意的な法の運用を危惧し，行政権が法解釈という方法によって可能にする法の道具性ないし手段性を統制することの重要性を説き，その方式を包括的に検討した上で，「解釈訴訟」（本書第 1 章 26〜28 頁）を提唱した，私の博士（法学　一橋大学）論文である。同訴訟を客観訴訟として設計したことが，客観訴訟への関心となり，『客観訴訟の法理』で纏めた研究に繋がった。法規の適用の適正または一般公共の利益の保護を目的とする客観訴訟は個人的な権利利益の保護救済を目的とする主観訴訟に比して，その法理に，明確な固有性を有している。

　本書は，客観訴訟の法理から導出される同制度の実践的な存在理由について説くことを目的としている。住民訴訟・選挙訴訟など客観訴訟の制度上の意義は何か。

　本書の課題については，勤務校である明治大学における法曹育成教育のなかで，多く，考察の契機を与えられた。本書を脱稿し得たことは，同大学特別研究者制度の賜物である。これまでに公表し本書に収めた拙稿をすべて改めて考察し，リライトすることができた。このような休暇を認めてくださった明治大学専門職大学院法務研究科教授会には心からの感謝を申し上げる。

v

はしがき

　私の行政法への関心は，大阪大学法学部で行政法ゼミに所属した
ことに始まる。それから今日まで，私は，行政法の研究・教育に携
わるという一本の道を歩き続けた。ただ，その教育が大学・大学院
に求められるレベルを充たすものであったか否かは，公表した研究
成果が academic article として認められ得るものであるか否かは，
甚だ心許ないが，とにもかくにも一本の道を歩き続け，心の旅をし
た。その心の旅が，半生であった。ここまでの道のりを振り返ると
感慨深いものがある。これまで支えてくれたすべての人，幸運で
あったすべての物事に感謝しつつ，もう少しの明治大学での日々を，
次世代教育に捧げたいと願っている。

　『客観訴訟の法理』の上梓から 15 年を経た本書の公刊は，私に
とって大きな安堵である。本書の刊行に御尽力くださった信山社の
袖山貴氏・稲葉文子氏には心からお礼を申し上げる。信山社は，ふ
るさと信州ゆかりの出版社である。

　さいごに，私事にわたるが，謝意を込めて，本書を家族に贈る。

　2019(令和元)年 8 月

山 岸 敬 子

《初出掲載一覧》

序　書き下ろし

Ⅰ　客観訴訟制度の実践的意義
　　第 1 章　公法研究 71 号（2009 年）162 頁以下
　　第 2 章　『条解行政事件訴訟法［第 3 版補正版］』南博方＝高
　　　　　　橋滋編（弘文堂，2009 年）130 頁以下
　　第 3 章　行政法研究 25 号（2018 年）19 頁以下

Ⅱ　市民の参政基盤としての客観訴訟制度
　　──公益の代表者としての提訴
　　第 4 章　明治大学法科大学院論集 16 号（2016 年）93 頁以下
　　第 5 章　『行政手続・行政救済法の展開』西埜章先生・中川義
　　　　　　朗先生・海老澤俊郎先生喜寿記念（信山社，2019 年）
　　　　　　27 頁以下
　　第 6 章　明治大学法科大学院論集 19 号（2017 年）47 頁以下

結び　書き下ろし

vii

目　　次

は し が き

初出掲載一覧

序　客観訴訟制度の存在……………………………………………… *3*

I　客観訴訟制度の実践的意義

第1章　「法律上の争訟」を離れる訴訟と司法権 ──────── *9*

 1　はじめに──裁判所に対する尊敬……………………………… *9*

 2　「法律上の争訟」を離れる訴訟に関する裁判所の見解… *10*

 3　民衆訴訟・機関訴訟……………………………………………… *13*

 4　行政事件訴訟法 42 条所定の法律にかかる憲法的制約… *18*

 5　「法律上の争訟」を離れる訴訟制度のレゾン・デートル ‥ *23*

 6　おわりに──裁判所への提言…………………………………… *30*

第2章　民衆訴訟──行政事件訴訟法 5 条 ─────────── *31*

 1　本条の意義………………………………………………………… *31*

 2　民衆訴訟の性質──客観訴訟…………………………………… *32*

 3　民衆訴訟と取消訴訟の客観化の限界…………………………… *36*

 4　現行法上の民衆訴訟……………………………………………… *39*

 5　現行法上の民衆訴訟手続………………………………………… *56*

 6　行政に対する司法統制の強化と民衆訴訟…………………… *64*

目　次

第3章　客観訴訟と上告制度 ——————————— *67*

1　はじめに——本章の目的………………………………… *67*

2　客観訴訟と現行上告制度………………………………… *68*

3　砂川政教分離（空知太神社）最高裁大法廷判決
　　——職権による検討 ………………………………… *78*

4　客観訴訟と公益保護のための上告制度………………… *86*

5　お わ り に……………………………………………… *98*

Ⅱ　市民の参政基盤としての客観訴訟制度
　　　——公益の代表者としての提訴

第4章　訴権としての参政権 ————————————— *103*

1　はじめに——本章の目的………………………………… *103*

2　地方自治と"訴権としての参政権"……………………… *104*

3　選挙制度改正への司法的アプローチ …………………… *114*

4　参政への司法的アプローチの有益性とその限界……… *123*

5　"訴権としての参政権"の新たな展開への期待 ……… *129*

6　おわりに——司法権のミッション……………………… *139*

第5章　選挙規定・立法過程・司法審査 ——————— *141*

1　はじめに——本章の目的………………………………… *141*

2　選挙規定の立法過程と与党・現職議員………………… *142*

3　判断過程の司法審査——行政裁量と手続的審査方式…… *146*

4　選挙規定・立法過程・司法審査………………………… *150*

5　お わ り に……………………………………………… *162*

x

目　次

第 6 章　選挙無効訴訟・事情判決・間接強制
　　　——裁判遵守の公益性保護 ————————— 165

　　1　はじめに——本章の目的……………………………… 165

　　2　選挙区及び議員定数の定めにかかる違憲・違憲状態
　　　　判決の実効性 ………………………………………… 167

　　3　事情判決・間接強制——選挙区及び議員定数の定めに
　　　　かかる改正への実効力の付与 ……………………… 175

　　4　お わ り に ………………………………………… 196

結　　び——客観訴訟制度の存在理由……………………… 199

　事項索引

　判例索引

xi

客観訴訟制度の存在理由

序　客観訴訟制度の存在

　行政事件訴訟法（以下「行訴法」という）は，わが国の行政事件
訴訟手続の基本法である（行訴1条）。同法2条は，行政事件訴訟
として，「抗告訴訟，当事者訴訟，民衆訴訟及び機関訴訟」の四類
型を定める。民衆訴訟は「国又は公共団体の機関の法規に適合しな
い行為の是正を求める訴訟で，選挙人たる資格その他自己の法律上
の利益にかかわらない資格で提起するもの」（行訴5条）であり，
機関訴訟は，「国又は公共団体の機関相互間における権限の存否又
はその行使に関する紛争についての訴訟」（行訴6条）である。立
法担当者の解説によれば，両訴訟は，学説上かねて説かれていた主
観訴訟と客観訴訟の区別を容れて，客観訴訟として定められた。曰
く[1]，「抗告訴訟，当事者訴訟と民衆訴訟，機関訴訟とは性格を異に
し，前二者はいわゆる主観的訴訟，すなわち個人的な権利利益の保
護救済を目的とするものであり，これに対し後二者は，客観的訴訟，
すなわち，法規の適用の適正または一般公共の利益の保護を目的と
する特殊の訴訟である」と[2]。

---

(1)　杉本良吉「行政事件訴訟法の解説(一)」曹時15巻3号（1963年）33頁。
　　参照，塩野宏『行政法Ⅱ行政救済法［第六版］』（有斐閣，2019年）83頁。
(2)　わが国の客観訴訟に関する学説史を紹介する文献として，村上裕章「日
　　本における客観訴訟論の導入と定着」法政82巻2＝3号（2015年）263頁
　　以下，杉井俊介「日本における主観訴訟と客観訴訟の概念の系譜(一)～

3

序　客観訴訟制度の存在

　行訴法 42 条は，「民衆訴訟及び機関訴訟は，法律に定める場合に
おいて，法律に定める者に限り，提起することができる」と規定し，
どのような訴訟を民衆訴訟・機関訴訟として許容するかの判断を立
法政策に委ねる。

　民衆訴訟の代表例として，公職選挙法（以下「公選法」という）
が定める選挙訴訟（公選 203 条・204 条，207 条・208 条），地方自治
法（以下「地自法」という）所定の住民訴訟（自治 242 条の 2）がある。
機関訴訟の代表例として，地自法が規定する地方公共団体の長と議
会の間の権限争議に対する訴訟（自治 176 条 7 項）がある。

　客観訴訟の用語は，主観訴訟と同様に，行訴法には存しないが，
判決文のなかでは定着している。その用法は，行訴法の立法趣旨に
沿っている。「同法は，民衆訴訟と機関訴訟を定めるが，これらは
客観訴訟である」（東京高判平成 23 年 1 月 28 日民集 66 巻 2 号 587 頁），
「違法な処分の是正を直接の目的とする客観訴訟…違法な処分に
よって侵害された原告の権利・利益を救済するための主観訴訟」
（東京高判平成 17 年 11 月 22 日裁判所ウェブサイト），「法規維持を目
的とする客観訴訟」（名古屋高判昭和 51 年 10 月 18 日民集 32 巻 2 号
510 頁），「客観訴訟を認めるか否かは立法政策の問題」（福岡高宮崎
支判平成 7 年 12 月 11 日判例集不登載）等々。最高裁においては，客
観訴訟制度について，裁判官の個別意見のなかで言及されている。
公選法上の選挙無効請求事件にかかって，藤田宙靖裁判官の意見

　（三・完）」自研 92 巻（2016 年）2 号 111 頁以下・同 3 号 105 頁以下・同 4
　号 117 頁以下がある。

序　客観訴訟制度の存在

「本件訴訟のようないわゆる定数配分訴訟は，その判例法上の導入
の動機はともあれ，公職選挙法 204 条に定める訴訟として位置付け
られているものである以上，やはり，客観訴訟として考えられる
（少なくともその一面を有する）のであり，そこで行われる違法性の
審査が，厳格な意味での国民の個人的な権利保護の見地からのもの
に制限されるという理由は無い」（最大判平成 19 年 6 月 13 日民集 61
巻 4 号 1617 頁），田原睦夫裁判官の反対意見「選挙人が提起する選
挙無効訴訟は，一般に客観訴訟の具体例と解されている」（最大判
平成 24 年 10 月 17 日民集 66 巻 10 号 3357 頁），大橋正春裁判官の反対
意見「憲法上保障される個人の基本的権利の侵害が問題になってい
る場合には，違憲の効力を制限することには慎重であるべきだが，
本件はいわゆる客観訴訟でありそのような問題は生じない」（最大
判平成 26 年 11 月 26 日民集 68 巻 9 号 1363 頁，最大判平成 27 年 11 月
25 日民集 69 巻 7 号 2035 頁）がある。

　わが国は，行訴法上に，客観訴訟制度を有している。

　本書は，客観訴訟制度の存在理由を説くことを目的とし，二部か
ら成る。序「客観訴訟制度の存在」に続いて，Ⅰでは，客観訴訟制
度の実践的な意義を明らかにし，Ⅱでは，市民の参政基盤としての
客観訴訟制度の存在を考察する。客観訴訟は，公益の代表者によっ
て提訴される。結びに，客観訴訟制度の存在理由を纏める。

　私は，2004 年に『客観訴訟の法理』（勁草書房）を上梓した。同
書は，主観訴訟に比して，その法理に明確な固有性を有する客観訴
訟の法理を説くことを課題とした。同書を著したとき，わが国で，

5

序　客観訴訟制度の存在

客観訴訟に関する理解は必ずしも深くなかった。先行の業績も極わ
ずかであった。2004年以降に関心が高まった客観訴訟にかかわる
研究のなかにみる私の主張への言及は，ポジティブなものであれ，
ネガティブなものであれ，拙著が，間違いなく，客観訴訟研究の一
つのステップとなり得た証左として[3]，私には大きな喜びである。
本書の先行業績である文献については，本文の該当箇所で触れてい
る[4]。

　本書が，客観訴訟制度への理解を深めることに裨益し，前著と合
わせて，わが国の客観訴訟研究にささやかなりとも寄与するもので
あり得るならば，さらに，訴訟実務への理論的バックアップとなり
得るならば[5]，真に幸いである。

---

(3)　宇賀克也「書評」行政法研究 25 号 iii 頁。
(4)　ただ，拙著・拙稿に触れる中国語および韓国語の文献への言及に及ん
　　でいないことは，お許しを願う。
(5)　『客観訴訟の法理』は，法曹界からも反応を得た（進藤功「書評」自正
　　56 巻（2005 年）154 頁，法曹 653 号（2005 年）97 頁）。

I 客観訴訟制度の実践的意義

第1章 「法律上の争訟」を離れる訴訟と司法権

1 はじめに——裁判所に対する尊敬

　日本国憲法の基本理念である「法の支配」の重要な要素[1]は，裁判所に対する尊敬である[2]。長い間における裁判上の貴重な体験の積み重ねによって形成された判例法理を軽視することは許されない。

　私は，本章の課題を考察するに当たって，司法権の役割と法律上の争訟に関して，裁判所の従来からの見解を尊重する。裁判所の見解と連続性を保ち得てこそ，司法権の役割への提言として有益と考

---

(1)　本稿は，もともと，第73回日本公法学会総会第2部会（2008年10月12日於学習院大学）における報告のために用意したものである。報告に対して，土井真一会員のコメントがなされた（公法71号（2009年）207〜208頁，212〜213頁）。土井会員は，課題について，法の支配の基本理念から「《法律上の争訟》の要件を，争訟の主観的権利性と争訟の具体性に分析」し，「前者は，争訟が国民の主観的権利・義務に関するものであることを要請するものであり，後者は争訟が具体的な事実関係の中で成熟していることを要請するものである」とする（土井真一「法の支配と司法権——自由と自律的秩序形成のトポス」佐藤幸治ほか編『憲法五十年の展望II自由と秩序』（有斐閣，1998年）121頁）。そして，「具体的な事実関係に基づいて経験的な司法判断が可能な条件が存在しているのであれば，法律により，司法審査の範囲を拡張することも許される場合があるように思われる。その限りで，主観的権利性のない客観的な具体的争訟に関する裁判権が認められる」（123頁）との立場をとる。

(2)　佐藤幸治「自由の法秩序」佐藤ほか編・前掲注(1) 1頁以下，6頁。

I 客観訴訟制度の実践的意義

えるからである。

なお，課題は，行政訴訟を中心にして検討する。

以下，先ず，「法律上の争訟」を離れる訴訟に関する裁判所の見解を確認し(2)，次に，行政事件訴訟法（以下「行訴法」という）に規定され，「法律上の争訟」を離れるとされる民衆訴訟・機関訴訟について(3)，両訴訟を創設する行訴法42条所定の法律の憲法的制約と合わせて検討し(4)，そして，「法律上の争訟」に対して，それを離れる訴訟制度を認める積極的意義を探り(5)，最後に，「法律上の争訟」を離れる訴訟制度運用にかかる裁判所への期待を述べて本章を閉じることにする。

2 「法律上の争訟」を離れる訴訟に関する裁判所の見解

裁判所がその固有の権限に基づいて審判し得る対象は，裁判所法3条1項にいう「法律上の争訟」に限られるとすることが裁判所の一貫した見解である。「法律上の争訟」とは「当事者間の具体的な権利義務ないし法律関係の存否に関する紛争であつて，かつ，それが法令の適用により終局的に解決することができるもの」[3]とされ

---

(3) 最判昭和28年11月17日行集4巻11号2760頁，最判昭和56年4月7日民集35巻3号443頁（板まんだら事件），最判平成14年7月9日民集56巻6号1134頁（宝塚市パチンコ店規制条例事件）等。ただし，宝塚市パチンコ店規制条例事件の最判における片面的「法律上の争訟」判断への疑問につき，塩野宏『行政法II行政救済法［第六版］』（有斐閣，2019年）297〜300頁等。

10

第1章 「法律上の争訟」を離れる訴訟と司法権

ている。他方，「法律上の争訟」を離れる訴訟の存在に関して，裁判所が憲法上の疑義を呈したことはない。例えば，最高裁判所（以下「最高裁」という）は，最判平成14年7月9日民集56巻6号1134頁（宝塚市パチンコ店規制条例事件）において，法規の適用の適正ないし一般公益の保護を目的とするものは，法律上の争訟として当然に裁判所の審判の対象となるものではなく，法律に特別の規定がある場合に限り提起することが許される，と判示している。

「法律上の争訟」を離れる訴訟について，平成8年5月10日判決である，いわゆる湾岸戦争掃海艇派遣等違憲確認訴訟において，東京地方裁判所は，つぎのように述べている[4]。「裁判所が法律上の争訟を離れて法適合性を判断することの全てを憲法が禁止しているものではなく，法律によってそのような訴訟形態を設けることができ（裁判所法3条1項），民衆訴訟に関する規定（行政事件訴訟法5条，42条）あるいは住民訴訟制度（地方自治法242条の2）等もこの点を前提とするものといえる。そして，このような訴訟形態をどのような場合に，どのような要件で許容するかは，三権の分立・牽制に関する優れて憲法政策的事項を検討したうえでなされるべき立法判断というべき」であると。

上記の判示から分かるように，裁判所は，「法律上の争訟」を離れる訴訟の存在を認め，「法律上の争訟」を離れて裁判所が裁判することも，憲法は禁じていないと説いている。東京地判昭和27年

---

(4) 東京地判平成8年5月10日判時1579号62頁。

I 客観訴訟制度の実践的意義

2月27日行集3巻1号201頁（日本学術会議会員選挙事件）は，「法律上の争訟」を離れる訴訟を，「本来的には司法権固有の領域に属せず」，それが「司法権の領域に持ち込まれ得るのは」，「特に法律をもつて出訴を許す旨を定めた場合に限定される」とする。

　つまり，裁判所の見解は，憲法76条1項にいう「すべて司法権」には，本来の司法作用とそうではないものとを含み，後者は司法の概念に当然に含まれるものではなく，法律によって司法権の範囲に属させることが可能であるもの，と理解され得る。憲法76条1項にいう「すべて司法権」には，固有の司法権の内容である「法律上の争訟」の裁判と特に法律で司法権の範囲に属させるものとした裁判所の権限を含む，と解され得る[5]。前者は，憲法が裁判所に

---

(5)　土井真一会員は，「法律上の争訟と行政事件訴訟の類型——在外日本国民選挙権訴訟を例として」法教371号（2011年）84〜85頁で，本稿にかかわる視点として，以下のような見解を述べる。「憲法76条1項が『すべて』という語を用いたのは，法律によって裁判所から奪うことができない権限として『司法権』を定めるという趣旨」であり，「憲法76条1項にいう司法権は，憲法上当然に裁判所に帰属すべき権限を定めたものと解し，その争訟の範囲は『法律上の争訟』の概念を以って画することが適切である」。「他方，裁判所は，憲法76条1項により直接付与された『司法権』以外の権限を，法律により付与されて行使することが憲法上許される」。「裁判所により行使することが憲法上許される権限の総体を広義の『司法権』と呼ぶことは差し支えないが，この意味での『司法権』と憲法76条1項が直接定める『司法権』は区別されなければならないと解される」。

　　土井会員の見解によれば，憲法76条1項所定の司法権には属しないが，裁判所が憲法に許される裁判を，「そのような実質を備えた争訟であると議会が判断した」（土井・前掲注(1)123頁）と憲法上位置付けるのであろうか。

与えた権限であり，憲法に基づいて発動される。後者の権限の発動
には法律が必要である。

3 民衆訴訟・機関訴訟

行訴法5・6条が規定する民衆訴訟・機関訴訟は，「当事者間の具
体的な権利義務ないし法律関係の存否に関する紛争」ではないから，
「法律上の争訟」に該当しないとすることが裁判所の一致した従来
からの見解である[6]。

民衆訴訟・機関訴訟は，講学上に客観訴訟として説明されてい
る[7]。主観訴訟は「法律上の争訟」を指し，「法律上の争訟」を離れ
る訴訟は客観訴訟と称されることが通常である[8]。序に述べたよう
に，行訴法は，学説上の主観訴訟と客観訴訟の区別を容れて，民衆
訴訟・機関訴訟を客観訴訟として定めた。

判決文の中には，しばしば客観訴訟制度への言及が存する。序に
紹介した例のほかにも「国又は公共団体における行政の適法性の確
保を目的とする客観訴訟」[9]「提訴者の個人的権利や利益と関係な

---

(6) 最高裁判所事務総局編『行政事件訴訟十年史』53～55頁，最高裁判所
事務総局『続行政事件訴訟十年史（自昭和三十三年至昭和四十二年）』49
～51頁，同『続々行政事件訴訟十年史（自昭和四十三年至昭和五十二年）
（上）』37～40頁参照。

(7) 塩野・前掲注(3)281頁。

(8) 高橋和之『立憲主義と日本国憲法第4版』（有斐閣，2017年）412頁，
松井茂記『日本国憲法第3版』（有斐閣，2007年）244～245頁等。

(9) 札幌高判昭和51年8月5日民集36巻9号1890頁。

I 客観訴訟制度の実践的意義

く提起できる客観訴訟」[10]「国民の権利利益の保護にかかる主観訴訟は，国民が憲法上裁判的保護を受ける地位にあるため，訴訟要件を具備すれば特段の規定なくして違法な処分を争って出訴することができるのに対し，……特別の規定により客観訴訟が認められる」[11]等々と。

裁判所による客観訴訟の法理の形成が期待される。客観訴訟は主観訴訟に比して，その法理に，明確な固有性を有している[12]。

行訴法 42 条は，「民衆訴訟及び機関訴訟は，法律に定める場合において，法律に定める者に限り，提起することができる」と規定する。民衆訴訟・機関訴訟は，「法律上の争訟」ではないから，訴訟の機会を限定しても，憲法 32 条の裁判を受ける権利の保障に反しないとすることが累次の判例である[13]。

最も新しい民衆訴訟として，「日本国憲法の改正手続に関する法律」（平成 19 年法律 51 号）127～134 条に規定される国民投票無効の訴訟がある。すなわち，日本国憲法の改正にかかる国民投票に関し

---

(10)　福岡高那覇支判平成 16 年 10 月 14 日裁判所ウェブサイト。

(11)　福岡高那覇支判平成 28 年 9 月 16 日民集 70 巻 9 号 2727 頁。

(12)　このことについて，詳しくは，山岸敬子『客観訴訟の法理』（勁草書房，2004 年）。

(13)　「憲法 32 条所定の裁判を受ける権利が性質上固有の司法作用の対象となるべき純然たる訴訟事件につき裁判所の判断を求めることができる権利をいうものであることは，当裁判所の判例の趣旨とするところである」（最決平成 20 年 5 月 8 日判時 2011 号 116 頁）。民衆訴訟につき，最大判昭和 39 年 2 月 26 日民集 18 巻 2 号 353 頁等，機関訴訟につき，最判昭和 49 年 5 月 30 日民集 28 巻 4 号 594 頁等。

14

第1章 「法律上の争訟」を離れる訴訟と司法権

異議のある投票人は，中央選挙管理会を被告として，当該投票結果の告示の日から30日以内に，東京高等裁判所に訴訟を提起することができる（同法127条）。判例の蓄積による基準の確立が期待できない訴訟として，同法128条は，投票の無効事由を明記している。

機関訴訟の一つとして，地方自治法（以下「地自法」という）176条7項は，議会の瑕疵ある議決に対する長の処置にかかる訴訟を定めている。当該訴訟によって，条例を対象として，抽象的規範統制を行う可能性がある[14]。すなわち，長は議会が違法な条例の制定・改廃を議決したと認めるときは，議会の再議に付さなければならない（4項）。議会がなお同じ議決をしたときは，長は，これに従うか，あるいは21日以内に，都道府県知事にあっては総務大臣に，市長村長にあっては都道府県知事に対し審査を申し立てることができる（5項）。審査の結果下された裁定に不服がある場合には，議会又は長は60日以内に裁判所に出訴することができる（7項・8項）。提訴を受けて，裁判所は，議決された当該条例の違法性を審査する。ただし，不服申立前置主義の下，総務大臣・都道府県知事の裁定のreview という形をとる。

地自法251条の5は，地方公共団体に対する国の関与に関する訴えであり，同法251条の6は，市町村に対する都道府県の関与に関する訴えであるが，当該訴訟においても，条例の抽象的規範統制を

---

(14)　「本条は……地方自治体レベルであれ，抽象的規範統制……を認めたものと解しうる制度である。この制度について，今後憲法論の観点から考察する必要がある」（土井・前掲注(1)141頁注(147)）。

15

Ⅰ　客観訴訟制度の実践的意義

行う可能性がある[15]。

　現行法上，民衆訴訟・機関訴訟と説明されているもののなかに，抗告訴訟等として把握できるものがあるのではないかとの疑問が述べられている。

　他方，現行において，抗告訴訟とされている制度のなかに，民衆訴訟と解されることが可能かつ有益なものがある。例えば，地自法127条3項が規定する議員の失職に関する訴訟である。最高裁昭和56年5月14日の判決によれば[16]，出訴することができる議会の決定に不服がある者は，失職することになる当該議員に限られる。しかし，当該議員が失職事由に該当するか否かは，「出席議員の3分の2以上の多数により」決定されるからには，客観的に失職事由が存在するにも拘らず議会で消極的な決定がなされる場合がある。かかる議員をその職にとどめるべきではないとする公益的な要請があり得ることに鑑みれば，当該訴訟を民衆訴訟として構成することが有益である。当該訴訟は，地自法118条5項の規定を準用する。同規定は，普通地方公共団体の議会が行う選挙における投票の効力に関する異議について，議会のする決定に不服がある場合に，議会における選挙の適正な執行の担保を目的として，民衆争訟の方法および手続を定めたものである。決定に不服がある者の範囲は，議員及び被選挙人とされている[17]。

──────────

(15)　山岸・前掲注(12)138～141頁参照。

(16)　最判昭和56年5月14日民集35巻4号717頁。

(17)　松本英昭『新版逐条地方自治法第9次改訂版』（学陽書房，2017年）

第1章 「法律上の争訟」を離れる訴訟と司法権

　情報公開請求訴訟は，原告の開示請求権を担保するものである。
わが国の情報公開制度は，個人的利害関係とかかわりなく何人にも
開示請求権を付与する客観的制度である。開示請求権の行使は，請
求の理由・目的の如何を問わず，開示請求者と開示請求対象文書と
の関係を問うことなく認められる。そうであるとすれば，情報公開
請求訴訟を民衆訴訟的に把握し構成していくことも考えられる。東
京高等裁判所は，昭和59年12月20日の公文書公開拒否処分取消
請求事件の判決において[18]，「その制度目的は，住民に固有の具体
的な権利，利益を保護するというよりは，県政の適正な運営を図る
という一般的利益の実現にあり，そうとすれば，……それをめぐる
争訟制度も，違法な公権力の行使によつて権利，利益を侵害された
者に対する救済方法としての……抗告訴訟によるものとするよりは，
……民衆訴訟のひとつ……とするのがより制度の趣旨に適合すると
解されるところではある」と説いている。

　情報公開制度における開示請求権は，手続法上の権利である。行
政手続法上の保障も，主観的権利として保護され得る。しかし，申
請に対する拒否処分が行政手続法5条の規定する審査基準を公にす
る義務および同法8条の規定する理由提示義務に違反するとして取
り消された，平成13年6月14日の東京高等裁所の判決[19]に対して，

　462頁。

(18)　東京高判昭和59年12月20日行集35巻12号2288頁。宇賀克也『行
　　政法概説Ⅱ行政救済法【第6版】』（有斐閣，2018年）122頁。

(19)　東京高判平成13年6月14日判時1757号51頁。

17

I 客観訴訟制度の実践的意義

勝訴した控訴人から実体判断を求めて上告されている[20]。手続的適法性の保護が，原告個人の権利救済とはなり得なかったのである[21]。行政庁側は，当該手続きを履践の上，法律の適正な執行として，同一内容の拒否処分をなし得る（行訴 33 条 3 項）。

　現行法に存在する訴訟を民衆訴訟・機関訴訟と解釈するに際して，以下に述べる憲法的制約が，行訴法 42 条所定の立法にかかる場合と同様に問題となることは，指摘するまでもない。

4　行政事件訴訟法 42 条所定の法律にかかる憲法的制約

　行政作用の適法性を審査すること，それは行政作用である。行政作用の適法性審査が「法律上の争訟」として行われる場合，それは司法作用となる。民衆訴訟・機関訴訟は，「法律上の争訟」を離れる行政作用の適法性審査として，裁判所の行政作用となる可能性がある。

　行訴法 42 条は，民衆訴訟・機関訴訟の創設を個別の立法に委ねている。行訴法 42 条所定の法律は，憲法に反することはできない。

---

(20)　山岸敬子「判批」自研 78 巻 12 号 138 頁以下，阿部泰隆「拒否処分取
　消訴訟を審理する裁判所の審理を尽くす義務」高田敏先生古稀記念論集
　『法治国家の展開と現代的構成』（法律文化社，2006 年）416 頁以下を参照。
　同論文の 445〜446 頁に，本件の上告・上告受理申立てに対する最決平成
　14 年 10 月 29 日が掲載されている。

(21)　本件は，平成 16 年の行訴法改正（平成 16 年法律 84 号）前の事件で
　あり，現行行訴法の下では，拒否処分の取消訴訟（行訴 3 条 2 項）に申請
　型義務付け訴訟（行訴 3 条 6 項 2 号）を併合提起することが可能である。

18

第1章　「法律上の争訟」を離れる訴訟と司法権

本来の司法権に属さない裁判所の権限に関して問題となるのは，憲法が定める組織原理たる「三権分立」（憲41条・65条・76条）の遵守である。

憲法65条は，「行政権は，内閣に属する」として，行政権の担い手を内閣としているが，憲法41条「唯一の立法機関」および76条「すべて司法権」と異なり，行政権の行使を内閣に限定してはいない。憲法の定めに拠れば，立法権及び司法権を国会及び裁判所以外の他の機関が行使するためには憲法によって認められた例外でなければならない。他方，行政権は，憲法に反しない限度で，法律によって内閣以外の他機関に行使させ得ると解せられる。

法律によって裁判所に本来は行政たる作用を行う権限を付与する憲法上の制約は何か。それは，第一に，憲法が内閣を行政権の担い手としていること，第二に，憲法が裁判所を司法権の担い手としていることである。第一の点について[22]，憲法が行政権行使の担い手を内閣としたことの意味をなくしてしまうような付与が許されないことは明らかである。裁判所は，review を原則としなければならない。そうであっても，行政権の担い手を麻痺させ得るような訴訟の創設が許容されてはならない。第二の点に関して，憲法は，裁判所に行政作用たる裁判を行う権限を禁じてはいない。しかし，それは，司法権の担い手として構成された裁判所が受け入れ得る権限行使でなければならない。裁判所は「法律上の争訟」を裁判するため

---

(22)　松井茂記「『国民訴訟』の可能性について」高田敏先生古稀記念論集『法治国家の展開と現代的構成』（法律文化社，2006年）403頁。

I 客観訴訟制度の実践的意義

に整えられている。そうであるならば,「法律上の争訟」性の擬制の限界が裁判所の裁判の限界である。

「当事者間の具体的な権利義務ないし法律関係の存否に関する紛争」とされる「法律上の争訟」は,争いの具体性と主観的利益性を本質的要素とする。もっとも,当該要素の表現は人により多様であり得る。さらに,「法律上の争訟」は,法令の適用によって終局的に解決され得るものであることを要する。

民衆訴訟は,法定の資格で原告となった者が,具体的な「国又は公共団体の機関の法規に適合しない行為」を対象として,その是正を求める訴訟であり,機関訴訟は,「国又は公共団体の機関相互」が当事者となって,具体的な行政過程で生じた法定の「権限の存否又はその行使に関する紛争」について解決を図るための訴訟である。両者とも,争いの法主体性・具体性・利益性を擬制して設計しうる訴訟制度である。利益性は,法規の適正な執行という公益の保護と説かれる。原告は,当該法規の適正な執行によって得る訴えの利益を有する。法律上の争点が特定されており,法令の適用による終局的な解決が可能である。

民衆訴訟・機関訴訟は,「法律上の争訟」を離れる訴訟であり,固有の司法権の作用ではない。民衆訴訟・機関訴訟は,「法律上の争訟」性の擬制によって,司法作用として擬され,法律で司法権の範囲に属させ得る,と理解することができる[23]。

---

(23) 兼子一＝竹下守夫『裁判法〔第四版〕』(有斐閣,1999年)は,憲法76条1項は,司法権そのものの範囲内容については言及しておらず(64頁),

第1章 「法律上の争訟」を離れる訴訟と司法権

「法律上の争訟」性の擬制の限界が，法律によって司法権に属させ得る作用の限界である。憲法76条1項にいう「すべて司法権」には，固有の司法権の作用である「法律上の争訟」の裁判と，民衆訴訟・機関訴訟のように，特に法律で司法権の範囲に属させることとした裁判所の権限が含まれる[24]。

行訴法42条所定の法律にかかる憲法的制約について，もうひとつ，憲法81条の違憲審査規定との関係がある。この問題について，最高裁は，民衆訴訟・機関訴訟とりわけ民衆訴訟において，既に，累次の違憲審査を行っている[25]。しかし，他方，「最高裁判所は法律命令等に関し違憲審査権を有するが，この権限は司法権の範囲内

司法権の範囲には，本来の法律上の争訟と「争訟性ないしは主体性を擬制して」，法律で訴訟事件として取り上げるものを含み得る（68頁），とする。

[24] 松井茂記『裁判を受ける権利』（日本評論社，1993年）173頁注(52)は，憲法上の事件・争訟性の要件を立法によって緩和することが許されるとして，憲法上の事件・争訟性の擬制という手法を採る。つまり，「法律上の争訟」を緩和して，民衆訴訟・機関訴訟を固有の司法権の内容に属せしめる見解と理解する。本稿のように，民衆訴訟・機関訴訟を，固有の司法権の内容ではないが，憲法76条1項の司法権の範囲に属せしめるための擬制とは相違する。

憲法上の事件・争訟性の擬制につき，佐藤幸治『現代国家と司法権』（有斐閣，1988年）250〜253頁。佐藤幸治の司法権論を検討するものとして，駒村圭吾「非司法作用と裁判所──『事件性の擬制』というマジノ線」法教326号（2007年）41頁以下。

[25] 著名な事例として，違憲判決をした最大判平成9年4月2日民集51巻4号1673頁（愛媛玉串料訴訟），および一連の議員定数配分規定違憲判決がある。最高裁大法廷は，平成22年1月20日，2件の政教分離訴訟で，違憲審査をおこなった。砂川政教分離（空知太神社）訴訟上告審判決（民集64巻1号1頁）と砂川政教分離（富平神社）訴訟上告審判決（民集64巻1号128頁）である。前者は違憲判決，後者は合憲の判決であった。

I 客観訴訟制度の実践的意義

において行使されるもの」[26]，また「いわゆる違憲審査権なるもの
も，下級審たると上級審たるとを問わず，司法裁判所が当事者間に
存する具体的な法律上の争訟について審判をなすため必要な範囲に
おいて行使せられるに過ぎない」[27]と明言する。そうであるとすれ
ば，「法律上の争訟」性を擬制し，法律によって，憲法76条の司法
権の範囲に属させ得る民衆訴訟・機関訴訟における違憲審査は，憲
法81条に反するものではない，と解することが判例法理と整合性
を有しよう。

では，行訴法42条所定の法律によって，違憲審査権を排除する
ことができるであろうか[28]。私は，法律によって当該訴訟を憲法76
条の司法権の範囲に属させる以上，憲法が定める裁判所の権限を縮
減するような留保は，憲法に反し許されないと考える。

民衆訴訟・機関訴訟は，行訴法42条に基づいて，一つひとつ立
法という民主的過程を踏んで創設される。当該立法過程で最も重要
なことは，国民的議論である。憲法が定める国家統治の組織原理た
る三権分立の在り方を決定するのは，国民である。先に述べたよう
に，行政権は，憲法に反しない限度で，法律によって内閣以外の他
機関に行使させることが可能である。民衆訴訟・機関訴訟は，司法
作用と擬されるとしても，憲法が定める国家統治にかかる権限の分

---

(26) 最大判昭和27年10月8日民集6巻9号783頁（警察予備隊違憲訴訟）。
(27) 最大判昭和28年4月15日民集7巻4号305頁（衆議院解散無効確認
請求訴訟）。
(28) 佐藤幸治『憲法〔第三版〕』（青林書院，1995年）334頁参照。

配を変更するからには，国民の承認手続が必要であると考える。行訴法42条所定の立法過程は，間接的にせよ，国民の国家統治にかかる権限分配の変更に関する承認手続と理解することができよう。逆に，民衆訴訟・機関訴訟を憲法76条の司法権に属せしめた当該法律が廃止されても，憲法上の司法権固有の領域を縮減したことにはならない[29]。

　「法律上の争訟」の概念も変遷していく。民主的議論の積み重ねに基づいて，三権の限界および三権のチェック・アンド・バランスの在り方に関する理解は，次第しだいにかなり柔軟になる可能性もある。将来的には，既存の訴訟からは，想像もつかない新奇の訴訟形態が出現するかもしれない[30]。

　多数決原理によって新たに司法の任務とされた当該訴訟制度の合憲性について，最終的に判断するのは裁判所である。当該制度に基づく具体的事件の提訴を契機に，裁判所は憲法81条に拠る違憲立法審査権を行使することができる。

5　「法律上の争訟」を離れる訴訟制度のレゾン・デートル

　「法律上の争訟」とそれを離れる訴訟の二種の存在は，《異なる訴

---

(29)　土井真一会員は，民衆訴訟・機関訴訟を憲法76条1項にいう「司法権」の概念に直接包摂する見解は，「なぜ，憲法によって付与された司法権の行使を，法律を定めないことによって制限することができるのかについて説明が必要になる」と指摘する（土井・前掲注(5)84頁）。

(30)　山岸・前掲注(12)145頁。

I 客観訴訟制度の実践的意義

訟手続の必要性》と親和する[31]。

「法律上の争訟」は，当事者間の争訟であり，当事者主義に基づく訴訟手続で構成されている。「法律上の争訟」は，紛争を一対一の個人の単位に還元し，その間の権利・義務の闘争としてこれをとらえ，それに一刀両断的な解決を与えることを本質としている。一対一の個人の対立を前提とする Adversary system を基本とする。

「法律上の争訟」を離れる訴訟のための制度は，「法律上の争訟」の解決手続きとは理念を異にされ得る。例えば，平成 14 年の改正前の地自法 242 条の 2 第 1 項 4 号所定の普通地方公共団体に代位して行なう損害賠償の請求につき，最高裁は，昭和 53 年 3 月 30 日の判決[32]において，住民訴訟は原告を含む住民全体の利益のために定められたものであり，「法律上の争訟」とは異質のものであることを強調して，民法 423 条の債権者代位訴訟等の場合と異なる訴訟手続を採用している。その上で，住民訴訟の判決の効力は「当事者のみにとどまらず全住民に及ぶと解される」と判示する。

民衆訴訟・機関訴訟の手続きは，行訴法 43 条に定める抗告訴訟又は当事者訴訟に関する規定の準用によるほか，同法 7 条に基づいて「民事訴訟の例による」ことになる。しかし，それは，行訴法の立法担当者が言うごとく[33]，民衆訴訟・機関訴訟の本質に反しない

---

(31) 以下の《異なる訴訟手続の必要性》に関する主張につき，さらに，前掲注(12)の拙著に詳しい。

(32) 最判昭和 53 年 3 月 30 日民集 32 巻 2 号 485 頁。

(33) 杉本良吉「行政事件訴訟法の解説(一)」曹時 15 巻 3 号（1963 年）54頁，田中二郎『新版行政法上巻全訂第二版』（弘文堂，1974 年）285〜286

第 1 章 「法律上の争訟」を離れる訴訟と司法権

限りにおいてである[34]。

　例えば，民衆訴訟においては，民衆の一人としての原告が他の
人々と共通してもつ利益の保護が求められる。原告は，公益の代表
者である。したがって，不服申立前置が要求される場合でも，不服
申立てを経た者と異なる資格者が出訴し得よう。原告が死亡しても
訴訟は終了せず，他の資格者が承継し得るとされて然るべきであろ
う[35]。また，原告適格が訴訟係属中存続していることが民事訴訟の
原則であるとしても，客観訴訟においては，提訴時に資格者であれ
ば十分で，訴訟の係属中に原告が資格を失っても，訴えを却下する
必要はない。最高裁は，平成 17 年 9 月 27 日，衆議院議員選挙の無
効請求訴訟[36]は，衆議院の解散によって訴えの利益を失うと判示

　頁参照。

(34)　広岡隆「機関訴訟・民衆訴訟」田中二郎ほか編『行政法講座第三巻行
　　政救済』（有斐閣，1965 年）184 頁以下および成田頼明「住民訴訟（納税
　　者訴訟）」同 201 頁以下は，当該検討にとってなお有益である。

(35)　反対：最判昭和 38 年 3 月 15 日民集 17 巻 2 号 376 頁「公職選挙法 203
　　条による選挙訴訟は，民衆訴訟であつて，都道府県選挙管理委員会がした
　　選挙の効力に関する決定または裁決に不服のある選挙人，候補者は何人で
　　も提起できるのであるが，訴訟を提起した原告が死亡した場合においては，
　　現行法のもとでは，その訴訟を承継する者はなく，原告の死亡によつて訴
　　訟は当然に終了するものと解す」，最判昭和 46 年 4 月 15 日民集 25 巻 3 号
　　275 頁「公職選挙法 203 条による選挙訴訟は，原告が死亡した場合におい
　　ては，その訴訟を承継する者はなく，当然に終了するものと解すべきであ
　　る」，最判昭和 55 年 2 月 22 日判時 962 号 50 頁「地方自治法 242 条の 2 に
　　規定する住民訴訟は，原告が死亡した場合においては，その訴訟を承継す
　　るに由なく，当然に終了するものと解すべきである」。

(36)　最判平成 17 年 9 月 27 日判時 1911 号 96 頁。

Ⅰ 客観訴訟制度の実践的意義

したが，一旦選挙が実施された以上，当該選挙が適正な法規の遵守であったか否かを裁判上明らかにすることを求める客観的な訴えの利益は，消滅することはないのではないだろうか。最高裁は，「住民訴訟において，これを提起した住民は，その請求を放棄することができないものと解する」と判示した（最判平成17年10月28日民集59巻8号2296頁）。確かに，公益の代表者としての請求を，原告が私的に処分することは不合理である。

　具体的な行政過程において生ずる機関訴訟は，何よりも迅速な裁判が要求される。手続きの省略などが工夫されて良いであろう[37]。

　民衆訴訟・機関訴訟の本質に適合する訴訟手続形成にかかる裁判所の立法をリードする創造的活動に期待したい。

　行訴法42条が，「法律上の争訟」の裁判とは異なる訴訟手続の立法的形成を可能とする。その必要性につき，例えば，平成17年1月25日，最高裁は，外国法人である親会社から日本法人である子会社の従業員等に付与されたストックオプションに係る課税上の取扱いに関して，所得税法28条1項所定の給与所得に当たるとする判決を下し[38]，課税区分をめぐる約100件に上る係争中の訴訟に決着をつけたが，当該訴訟は法解釈を争点としている。本件は，多数の訴訟のうち最高裁に係属した最初の事件であるが，当該判決に示

---

(37)　雄川一郎「機関訴訟の法理」同『行政争訟の理論』（有斐閣，1986年）469頁。

(38)　最判平成17年1月25日民集59巻1号64頁（所得税更正処分等取消請求事件）。

第1章 「法律上の争訟」を離れる訴訟と司法権

された法解釈は，一個人に向けられるものではなく，係争の課税区分にかかる規範となる。それ故に，何が法であるかを探究し，法規範を定立するに相応しい審理手続が伴うことが要請される[39]。何が係争の課税区分にかかる規範であるかの客観的判断を必ず直接の訴訟当事者の主張・立証活動のみから下さなければならないとすることは不合理である。客観的法秩序は，訴訟当事者による弁論主義の帰趨に馴染むものではない。外国法制の調査・関連法規等あらゆる観点から，広範な社会的合意を得るために，誰が訴訟当事者であっても，誰が訴訟参加しても，同じ結論になるとの信頼が必要である。そのような裁判審理の要請に，当事者を主張・立証の自己責任から解放する職権探知主義を含む職権主義が対応する。訴訟資料を豊富にして，裁判官の判断を助けるために，適正手続の保障（憲31条）・裁判を受ける権利（憲32条）から解放された広い参加制度の整備が望まれる。法規範となる判決は，係争の課税区分を主文として，対世効を有することが相応しい。本件取消訴訟の判決の効力は，相対的なものであり，同種事件の解決には問題を孕んでいた。判決に規範性を付与するならば，自己責任の原則に基づく訴訟手続を採ることはできない。判決が万人のものとなるならば，提訴者のみに訴訟追行の労を求め，多額の訴訟費用を負担させることは不合理である。

租税法規の特色すなわち一つの法解釈が多数の納税者と画一的に

_____

(39) 法規範を定立する判決に相応しい審理手続に関する考察について，山岸・前掲注(12)245～260頁参照。

27

I 客観訴訟制度の実践的意義

かかわる強行性は，判決が対世効を有し法規範となる訴訟制度と親
和する。団体訴訟にもなじむ。また，租税事件に関しては，職権探
知に対応し得る裁判所調査官が最高裁判所，高等裁判所のほか地方
裁判所にも置かれている（裁57条）。

ノーアクションレターサービス（行政機関による法令適用事前確認
手続）も開始された今日，法規の適正な執行を確保すべく，行政権
の法解釈を統制するための適切・有効な訴訟制度「解釈訴訟」[40]の
整備が望まれる。

憲法の改正手続きにかかる国民投票無効の訴訟においては，東京
高等裁判所の専属管轄が法定されている（日本国憲法の改正手続に関
する法律127条）。当該訴訟の複数提起に備えて，併合の便宜を考慮
したものである。複数の開票区の無効事由があわさって初めて投票
の結果に異動を及ぼすことも想定され，当該訴訟における併合審理
の重要性が立法趣旨として説かれている[41]。憲法の改正にかかわる
当該訴訟の審理は，客観的真実の発見の要請がなにより留意されな
ければならない。裁判所は，必要とあれば，当事者が主張していな
い事実についても調査し，自ら，その事実を支える証拠を収集する

(40) 当該訴訟制度の必要性および制度の内容について，山岸敬子『行政権
の法解釈と司法統制』（勁草書房，1994年）が詳述する。
同書は，行政権力による恣意的な法の運用を危惧し，行政権が法解釈と
いう方法によって可能にする法の道具性ないし手段性を統制することの重
要性を説き，その方式を包括的に検討した上で，「解釈訴訟」を提唱した
ものである。
(41) 吉田利宏『国民投票法論点解説集　国会の議論から読み解く国民投票
法のすべて』（日本評論社，2007年）102頁。

28

第1章　「法律上の争訟」を離れる訴訟と司法権

責務がある。憲法の改正手続きにかかる国民投票無効の訴訟においては，職権探知主義の法定が望まれる。

　「法律上の争訟」とそれを離れる訴訟の二種の存在は，《異なる訴訟手続の必要性》と親和する。「法律上の争訟を裁判」（裁3条1項）するための手続は，主観的利益の保護を制度目的として，その方向で整えられている。当事者間の争訟として，当事者主義に基づく訴訟手続を採り，判決の効力は，自己責任を問い得る者だけに及ぼすことを原則とする。主観的利益の保護のために創られた制度的枠組みは，裁判の固有の機能として守られ充実されなければならない。主観的利益保護とは，性質を別にする訴訟であると説明され得ることが，異なる訴訟手続法理の採用をより容易にする。当事者主義的訴訟手続きとは異なる手続法理の形成を一層促進する。

　「法律上の争訟」を離れる訴訟は，一つひとつ個別法で創られる。定められる訴訟に応じて，訴訟手続も個別的である。むやみに波及することはない。「法律上の争訟」を離れる訴訟の存在は，裁判所のアイデンティティたる「法律上の争訟」にかかる訴訟構造を混乱させることなく，主観的権利の貫徹に奉仕する個人主義的な訴訟体系から解放された新しい訴訟制度を構築することに寄与し得る。

　そのような訴訟制度が，伝統的な枠組みでは対処しきれない新しいタイプの紛争の解決に有能であり，あるべき裁判所が，あるべき司法権の役割を果たすために，今後ますます必要とされるであろう。

I 客観訴訟制度の実践的意義

6 おわりに——裁判所への提言

「法律上の争訟」を離れる訴訟の存在は，裁判所に新しい任務を
与えることになる可能性がある。裁判所には，国民が裁判所を信頼
して求める機能拡大の期待に積極的に応える姿勢をもつことが望ま
れる。もちろん，裁判所の機能拡大が，裁判の固有の機能に対する
人々の不信を招く原因となってはならない。確かに，「社会の人び
とは，裁判がその固有の機能を適正に果たしているが故に公正で信
頼できる機関として評価し，それを基盤として機能拡大を期待して
いる」[42]ことを忘れてはならない。しかし，裁判所の役割は，固定
的なものではなく，裁判を取り巻く政治社会の現状や裁判に対する
社会の人びとの現実の期待などによって変動しうる弾力的な面を
もっているとの指摘[43]も，また見落とされてはならない。

はじめに述べたように，「法の支配」の重要な要素は，裁判所に
対する尊敬と信頼である。裁判所が，国民の尊敬と信頼に応えて，
「行政が，司法権力をバックにした国民のことを常に意識せざるを
得ないような仕組み」[44]づくりにイニシアティブを発揮されること
を切に願って，また，研究者には裁判所への一層の有益な理論的支
援を期待して，本章を閉じることにする。

---

(42) 田中成明『法的空間　強制と合意の挟間で』（東京大学出版会，1993
年）288頁。

(43) 田中・前掲注(42)266頁。

(44) http://www.kantei.go.jp/jp/singi/sihou/kentoukai/gyouseisosyou/
dai1/1gaiyou.html（last visited February 23, 2019）.

30

第2章　民衆訴訟──行政事件訴訟法5条

（民衆訴訟）

第5条　この法律において「民衆訴訟」とは，国又は公共団体の機関の法規に適合しない行為の是正を求める訴訟で，選挙人たる資格その他自己の法律上の利益にかかわらない資格で提起するものをいう。

1　本条の意義

　行政事件訴訟法（以下「行訴法」という）は，わが国の行政事件訴訟手続の基本法である（行訴1条）が，民衆訴訟について4箇条を設けている。2条で民衆訴訟を行訴法における行政事件訴訟として置き，本5条で，それを定義している。

　本条によれば，行訴法所定の民衆訴訟とは，「国又は公共団体の機関の法規に適合しない行為の是正を求める訴訟」で，「選挙人たる資格その他自己の法律上の利益にかかわらない資格で提起するもの」である。

　行訴法は，民衆訴訟を，国又は公共団体の機関の法規に適合しない行為を是正して法秩序を回復するための訴訟として定めている。行政主体である国又は公共団体は，適法性ブロックを構成する法規

I 客観訴訟制度の実践的意義

範に適合して活動しなければならないが，民衆訴訟は，行政主体の法規範に反する行為を，私人の個人的な利益救済とかかわりなく統制することを制度の趣旨とする。原告は，民衆訴訟を自己の法律上の利益にかかわらない資格で提起する。本5条は，そのような資格として，選挙人たる資格を例示する。

行訴法42条は，「民衆訴訟……は，法律に定める場合において，法律に定める者に限り，提起することができる」と規定して，本条で定義された民衆訴訟の具体的な創設を個別法に委ねている。現行法上の民衆訴訟手続については，同法43条が一般原則を定めている。

2　民衆訴訟の性質——客観訴訟

(1)　行訴法は，民衆訴訟を客観訴訟として設けた。客観訴訟の定義は，主観訴訟と同様，行訴法に存在しない。しかし，序に述べたように，行訴法は，学説上，かねて説かれていた，主観訴訟と客観訴訟の区別を容れて，民衆訴訟を，機関訴訟（行訴6条）[1]とともに，客観訴訟として定めた。

(2)　客観訴訟制度は，私人の個人的な利益救済ということとは無関係に，客観的適法性を維持することを目的としている。適法性ブロックを構成する法規範のうち個々人の個別的利益の保護を意図しないものは，公益を保護する。客観訴訟制度は，公益の適正な実現

---

(1)　機関訴訟に関して，西上治『機関争訟の「法律上の争訟」性』（有斐閣，2017年）が有益な文献である。

第2章 民衆訴訟

に対応し得る。行政法規は，種々の分野における公益を実現するために定立されるものである。公益を実現するに際して，法が命ずるところは何であるのか。

公益を定義することは難しいが，ひとまず，一面で，国民あるいは住民全体の生活上の福利であり，他面で，国家ないしは地域共同体の一般的秩序であると理解できよう[2]。最高裁判所（以下「最高裁」という）は，「国民一般が共通してもつにいたる抽象的，平均的，一般的な利益」[3]，「現在及び将来における不特定多数者の顕在的又は潜在的な……個別的利益を超えた抽象的・一般的な」利益[4]を，公益と表現している。公益とは，国民の誰もがそこに入り得る可能性のある利益である。

何が公益であるかの判断は政治的問題であり得る。その場合，そ

(2)　J.リヴェロ（兼子仁ほか編訳）『フランス行政法』（東京大学出版会，1982年）11頁によれば，公益は，「端的にいって，人間生活にとってのもろもろの必要の総体であり，自由の行使では十分に応ええず，しかもその充足が各人の生存を全うすることの前提条件をなすようなものである」。どのようなものが公益とされるか，「その境界は，時代，社会形態，心理学的条件，技術水準によって変る」。

(3)　最判昭和53年3月14日民集32巻2号211頁（主婦連ジュース不当表示事件）。本件の原審である東京高判昭和49年7月19日行集25巻7号881頁は，「一般消費者の利益とは，国民の消費者としての面に着目して消費者である限り何人でももつ利益をいうものであり，消費者たる各人が他の消費者と全く同様に共通して有する利益であつて，その意味でこれを他から区別して特定の個人が特別に有する利益ということはできず，究極において公益ないし国民一般の利益というに帰する」と判示する。

(4)　最判昭和57年9月9日民集36巻9号1679頁（長沼ナイキ基地訴訟事件）。

33

I　客観訴訟制度の実践的意義

れは，諸利益の妥協として決着する。その紛争は，「いろいろな要素が複雑きわまりない形で絡まり合っているがゆえに，それは，一方に権利があり他方に義務があるとか，一方が正義であり他方が不正義であるという形で，いわば白と黒とに振り分けるというクリア・カット（clear-cut）の解決には親しみがたい面が少なくなく，むしろ，それぞれの立場を公平に勘案しつつ，それぞれの側が同じ社会の構成員同士としてどの程度までの受忍と出損をそれぞれなすべきかを探るという形での，妥協的ないし調和的な解決が，否応なしに求められざるをえない」[5] ものである。その内容は，論理的に決まるのではなく，力関係の均衡に基づく。したがって，客観訴訟制度においては，裁判の機能および決定過程が政治のそれに近似し，判決理由も政治的となり得る。

(3)　客観訴訟は，勝者と敗者を見極め断定し強制するための紛争解決制度ではなく，具体的政策における利益の再調整を交渉し合意するための裁判手続であり得る。そのような利益再調整型司法としての客観訴訟は，行政主体の公益判断の再考を裁判の場に求めることを許す。法廷は，当該再考に際して，政治的発言力の小さい弱者・少数者の利益を汲み上げ得る。諸利益の妥協として決着する裁判の判決は，プロセスの成果つまり当事者等と裁判官との間で展開される相互作用的な協働活動の所産であり得る。本章4で示すように，客観訴訟制度の機能は，公益の適正な実現をはかる利益の再調

────────────

(5)　三ヶ月章『法学入門』（弘文堂，1982年）272頁。

第2章　民衆訴訟

整に限られるものではないが，客観訴訟は，公正な裁判手続の展開
を利用する制度として，訴訟という手続的保障の下での政策形成の
一過程として，市民の政治参加の一形態ともなり得る。本書Ⅱは，
市民の参政基盤としての客観訴訟制度の活用を期すものである。

　諸利益の妥協として決着する裁判において，厳密な論証を求める
ことは無理であり，その判決は，討論による説得を通じて大体にお
いて合意する結論である。それ故に，利益再調整型司法としての客
観訴訟では，手続的保障の下で，相手方と対等な立場で，意見の対
立・不一致をめぐり，活発な弁論が主体的に展開され議論が十分に
尽くされ，コンセンサスが形成されることが肝要である。法廷は，
公正な手続の中で，理性的な議論をたたかわせ得る場を提供するこ
とを期待される。

　諸利益の妥協として決着する裁判の判決は，当事者等と裁判官と
の間で展開されるプロセスの成果であり得るとしても，客観訴訟の
判決は，何が公益の適正な実現であるかの判断として，相当広範囲
の多数者の正義・衡平感覚を反映したコンセンサスによって支持・
承認され得るものでなければならない。したがって，客観訴訟の審
理は，訴訟当事者の主張・立証活動に限定される当事者主義にとど
まることはできない。何が公益であるかの判断を必ず直接の訴訟当
事者の主張・立証活動のみから下さなければならないとすることは
不合理である。

35

I　客観訴訟制度の実践的意義

3　民衆訴訟と取消訴訟の客観化の限界

（1）　行訴法は，行政事件訴訟として，取消訴訟（行訴2条，3条1項・2項・3項，9条1項）を定める。行訴法9条に拠れば，取消訴訟は，取消判決を求めるにつき「法律上の利益を有する者」に限り提訴することができる。さらに，10条1項は，「取消訴訟においては，自己の法律上の利益に関係のない違法を理由として取消しを求めることができない」と明記する。取消訴訟は主観訴訟である。

取消訴訟の提訴に対して，裁判所は，従来，行政法規は原則として公益規定であるとして，法文上，私益保護の意図が明確に読み取れないかぎり，訴えの利益を認めないとの解釈を採ってきた。

しかし，裁判所は，取消訴訟の原告適格である「法律上の利益を有する者」（行訴9条1項）の解釈の緩和によって，取消訴訟を提訴し得る者を広く認め，取消訴訟を客観化することができる。従来，不特定多数の人々によって享受される利益として公益の中に吸収解消させてきたものを，関係法規の解釈操作によって，それが帰属する個々人の個別的利益としてもこれを保護すべきものとする趣旨を含むと解することで，取消訴訟を提起することができる「法律上の利益を有する者」を広く認め得る。

平成16年の行訴法改正（平成16年法律84号）で新設された9条2項は，法律上の利益を有する者を広く解するために，処分等の相手方以外の者（第三者）の法律上の利益について解釈指針を定めたものであるが，裁判所が，原告適格を積極的に認める判例政策を採

36

第 2 章　民 衆 訴 訟

るならば，取消訴訟は，客観化の比重を増し，民衆訴訟に接近することになる。裁判所の判例政策によって，取消訴訟を民衆訴訟化することは可能である。古典的な主観的紛争とは性格の異なる，既存の法制度の在り方や国・公共団体の政策の在り方を問う現代的な紛争解決の必要性が取消訴訟の客観化を強く要請している。

　しかし，行訴法は，主観訴訟としての取消訴訟と客観訴訟としての民衆訴訟を明確に区別して規定している。民衆訴訟は，必ず法律で創設しなければならないと定めている（行訴42条）。確かに，取消訴訟の客観化は法解釈によって可能であり，他方，民衆訴訟の許容は，立法を俟たなければならない。複雑で高度化した現代社会においては，立法活動はどうしても機動性に欠ける。切迫した裁判救済の必要性が，取消訴訟の客観化を望むことは理解に難くない。しかし，紛争解決の要求に押されて，取消訴訟を無制約に客観化すれば，行訴法の立法趣旨は没却され，法秩序の混乱を招くことになる。主観訴訟として構築された取消訴訟の客観化は，どこまで許されるのか。客観訴訟として立法された民衆訴訟との限界をいかに画すべきなのか。

　(2)　取消訴訟の客観化の限界と民衆訴訟との関係について，私は，既に，以下のような考え方を述べた[6]。

───────────

(6)　このことについて，さらに，山岸敬子「訴えの利益に関する《よき判
　例政策》──取消訴訟の客観化の限界と民衆訴訟──」同『客観訴訟の法
　理』（勁草書房，2004 年）167 頁以下に詳しい。なお，この見解にかかわっ
　て，西上・前掲注(1)19〜20 頁注(40)参照。

37

I　客観訴訟制度の実践的意義

　取消訴訟の客観化の限界を画するものは，主観訴訟である取消訴
訟のために定められた訴訟手続である。取消訴訟における訴えの利
益の限界を画するものは，原告が保護を求める利益の内容・性質
──例えば，経済的利益か健康被害か──でもなく，原告の限定性
──例えば，国民・住民のすべてに係わるか地域限局的か──でも
なく，原告の主張する利益が，取消訴訟のために定められた訴訟手
続の中で保護を可能とするものであるか否かである。当該利益の保
護と取消訴訟制度のための訴訟要件・審理手続・判決の効力等々と
の適合性である。

　古典的な主観的紛争とは性格の異なる，いわゆる現代型訴訟に対
する裁判所の消極的・萎縮的態度が指摘されてきた。現代型訴訟の
提起に際して，法律に規定のない限り出訴し得ない行訴法5条所定
の民衆訴訟を求めるものであるとして，裁判を拒否することが多く
見られた。塩野宏教授は，私が提言する客観訴訟制度の活用に対し
て，「立法が適切に対応しない場合は，この観念の強調は，主観訴
訟への排除効果を促進することになることに注意しなければならな
い」[7]と忠言する。確かに，立法は機動性に欠ける。しかし，裁判
官は，新しいタイプの行政紛争のために，現行法上の訴訟手続で対
応し得る限界まで，取消訴訟を客観化して，その解決を図ることが
できるのである。改正行訴法が新設した9条2項の存在は，その可

───────────────
(7)　塩野宏『行政法Ⅱ行政救済法［第六版］』（有斐閣，2019年）285頁。
　　関連して，米田雅宏「現代法における請求権──『客観法違反の是正を求め
　　る権利』の法的位置づけ──」公法78号（2016年）127頁。

38

第2章 民衆訴訟

能性を拡げる。取消訴訟手続は，取消訴訟以外の抗告訴訟に準用される（行訴38条）。裁判所は，自らの《よき判例政策》によって，新しいタイプの行政紛争解決のために，司法権を信頼して裁判制度の利用を望む市民の期待に応えることができる。裁判所は，伝統的な枠組みでは対処しきれない，法律が予測し得なかった問題に対しても，安易に法制の整備を俟つとするのではなく，その解決のために，まずもって自らのイニシアティブを尽くすことを求められるのではないだろうか。

4 現行法上の民衆訴訟

行訴法42条は，5条に定義された民衆訴訟を「法律に定める場合において，法律に定める者に限り，提起することができる」と規定し，民衆訴訟として，どのようなものを認めるかについて，個別の立法に委ねている。

現行法で認められている民衆訴訟には，大別して，(1)選挙に関する訴訟，(2)投票等に関する訴訟，(3)住民訴訟の3種がある。

(1) 選挙に関する訴訟

選挙訴訟は，戦前から，わが国の実定法に規定されていた。その類型として，選挙人名簿に関する争，選挙の効力に関する争，当選の効力に関する争の3種類があり，「苟も選挙の正当に行はれ其の結果が適法に決定せらるゝことに，精神上正当の利害関係を有すと

39

Ⅰ　客観訴訟制度の実践的意義

認むべき者には，凡て出訴の権能を得せしめて居るのみならず，之を監督すべき任務を有する行政庁にも出訴権を与えて居る」[8]制度であった。「此の種の行政訴訟は現行制度に於いては選挙に関する以外には其の類を見ないものである。関係ある一般人民が何人でも出訴し得るものとせられて居るのであるから，或は『民衆的訴訟』と称せられる」[9]。選挙訴訟は，わが国で最も伝統的な民衆訴訟である。

　現行法上の選挙訴訟として，①公職選挙法（以下「公選法」という）に基づく訴訟，②漁業法に基づく訴訟がある。①が主たる定めであり，②は①を準用する。①には，(ⅰ)選挙の効力に関する訴訟（公選202条～205条），(ⅱ)当選の効力に関する訴訟（公選206条～209条の2），(ⅲ)連座訴訟（公選210条・211条），(ⅳ)選挙人名簿に関する訴訟（公選24条・25条）がある。前二者の訴訟につき，それぞれ，地方公共団体の議会の議員及び長の選挙（公選202条・203条・206条・207条）と衆議院議員又は参議院議員の選挙（公選204条・208条）が対応する。訴訟の目的は，「日本国憲法の精神に則り，衆議院議員，参議院議員並びに地方公共団体の議会の議員及び長を公選する選挙制度を確立し，その選挙が選挙人の自由に表明せる意思によつて公明且つ適正に行われることを確保し，もつて民主政治の健全な発達を期すること」（公選1条）の担保である。

---

(8)　美濃部達吉『行政裁判法』（千倉書房，1929年）180頁。

(9)　美濃部・前掲注(8)180頁。

40

第 2 章　民衆訴訟

① 　公選法に基づく訴訟

（i）　選挙の効力に関する訴訟

　地方公共団体の議会の議員及び長の選挙において，その選挙の効力に関し不服がある選挙人又は公職の候補者は，当該選挙に関する事務を管理する選挙管理委員会に対して異議を申し出ることができる（公選 202 条 1 項）。市町村の選挙管理委員会に対して異議を申し出た場合において，その決定に不服がある者は，当該都道府県の選挙管理委員会に審査を申し立てることができる（同条 2 項）。都道府県の選挙管理委員会の決定又は裁決に不服がある者は，当該都道府県の選挙管理委員会を被告とし，高等裁判所に訴訟を提起することができる（公選 203 条 1 項）。

　出訴し得る者は，異議の申出人又は審査の申立人で不利な決定又は裁決を受けた者に限らず，選挙に関する訴訟が特定人の権利又は利益を保護する目的のものではなく，専ら一般公益のために選挙の違法性を匡正することを目的とする民衆訴訟であることの性質に鑑み，他の選挙人又は候補者で不服がある者も含む[10]。

　衆議院議員又は参議院議員の選挙において，その選挙の効力に関し異議がある選挙人又は公職の候補者（衆議院小選挙区選出議員の選挙にあっては候補者又は候補者届出政党，衆議院比例代表選出議員の選挙にあっては衆議院名簿届出政党等，参議院比例代表選出議員の選挙にあっては参議院名簿届出政党等又は参議院名簿登載者）は，衆議院（小

（10）　安田充 = 荒川敦編著『逐条解説公職選挙法(下)5 版』（ぎょうせい，2013 年）1581〜1582 頁，1599〜1600 頁。

Ⅰ　客観訴訟制度の実践的意義

選挙区選出）議員又は参議院（選挙区選出）議員の選挙にあっては当該選挙に関する事務を管理する都道府県の選挙管理委員会（参議院合同選挙区選挙については，当該選挙に関する事務を管理する参議院合同選挙区選挙管理委員会）を，衆議院（比例代表選出）議員又は参議院（比例代表選出）議員の選挙にあっては中央選挙管理会を被告とし，高等裁判所に訴訟を提起することができる（公選204条）。

　争訟権者たり得る「選挙人」は，選挙の効力が争われている当該選挙区に属する選挙人に限られるが，棄権した者であってもよい。選挙人名簿に登録されていることも必要ではない。選挙人名簿に登録されていることは，投票をなし得るための要件であり，選挙権を有する要件ではない。「選挙権の有無は選挙の当時で判断すべきもので，選挙人は自分が参加した過去の選挙の単位，すなわち，選挙区ごとに争訟を起こしうるものと考えられるので，選挙区もそこに属する選挙人も自ずから選挙の当時の選挙区及びその当時の所属選挙人ということに何れも選挙当時を基準に特定するので，その後選挙区及びその所属選挙人がどのように変化しても，争訟の提起権に何らの変更をもたらさない」[11]。

　「選挙の結果に異動を及ぼす虞がある場合」（公選205条1項）として選挙の無効原因とされた選挙規定違反の主なる事例は，安田＝荒川・注(10)1627〜1639頁に紹介されている。

　公選法203条・204条所定の選挙訴訟は，最大判昭和51年4月

───────────────

(11)　安田＝荒川・前掲注(10)1558頁。

14 日民集 30 巻 3 号 223 頁に述べられるように，同法の規定に違反
して執行された選挙の効果を失わせ，改めて同法に基づく適法な再
選挙を行わせること（公選 109 条 4 号）を目的とし，同法の下にお
ける適法な選挙の再実施の可能性を予定するものである。ところが，
最高裁は，両訴訟を現行の選挙規定の違憲性を主張して，その改正
を求める訴訟として運用することができるとして判決を積み重ね，
当該訴えの適法性に関する判例法理は既に確定している。同法 204
条の選挙訴訟を議員定数配分規定の改正にかかる請求をも許容する
制度と解釈し得る理由として，最高裁は，同判決において，「右の
訴訟は，現行法上選挙人が選挙の適否を争うことのできる唯一の訴
訟であり，これを措いては他に訴訟上公選法の違憲を主張してその
是正を求める機会はないのである。およそ国民の基本的権利を侵害
する国権行為に対しては，できるだけその是正，救済の途が開かれ
るべきであるという憲法上の要請に照らして考えるときは，前記公
選法の規定が，その定める訴訟において，同法の議員定数配分規定
が選挙権の平等に違反することを選挙無効の原因として主張するこ
とを殊更に排除する趣旨であるとすることは，決して当を得た解釈
ということはできない」と説示する。議員定数配分規定の違憲性の
ほかにも，最高裁は，衆議院議員選挙の重複立候補制[12]・比例代表

---

(12)　最大判平成 11 年 11 月 10 日民集 53 巻 8 号 1577 頁，最判平成 13 年 12
　月 18 日民集 55 巻 7 号 1712 頁，最判平成 16 年 12 月 7 日判時 1881 号 51 頁，
　最判平成 18 年 10 月 27 日判時 1954 号 38 頁等。

I　客観訴訟制度の実践的意義

制[13]・小選挙区制[14]あるいは選挙運動規制[15]，さらに参議院議員選挙の非拘束名簿式比例代表制[16]の違憲性を選挙の無効原因として主張する訴えを適法としている。

　最高裁が解する「選挙の規定に違反することがあるとき」（公選205条1項）は，具体的選挙の管理執行手続規定に違反する場合のみでなく，選挙に関する法令の規定が憲法に違反するために，その規定に従って施行された選挙の効力が否定されるべき場合をも含むものである。

　しかし，行訴法42条は，民衆訴訟の具体的創設を立法者に委ねている。新しい民衆訴訟は，必ず，個別に法律で許容されなければならない。公選法203条・204条の選挙訴訟は，所轄の中央選挙管理会・選挙管理委員会を被告として現行の選挙規定を遵守して選挙を実施させるために設けられた制度であり，規定自体の改正にかかる訴訟はそれとは全く異質な新しい民衆訴訟である。新しい民衆訴訟の裁判所による解釈的創設は行訴法の許すところではない。この点につき，最高裁の「法定の訴訟類型である選挙無効訴訟において無効原因として主張し得る事由の範囲の解釈」（最決平成24年11月

---

(13)　最大判平成11年11月10日・前掲注(12)，最判平成13年12月18日・前掲注(12)等。

(14)　最大判平成11年11月10日民集53巻8号1704頁等。

(15)　最大判平成11年11月10日・前掲注(14)，最判平成13年12月18日民集55巻7号1647頁等。

(16)　最大判平成16年1月14日民集58巻1号1頁，最判平成24年9月25日判例集不登載，最判平成26年11月10日判例集不登載等。

44

30 日判時 2176 号 27 頁）とする釈明は苦しい。

最決平成 26 年 7 月 9 日判時 2241 号 20 頁は，公選法 204 条について，「同条の選挙無効訴訟において選挙人らが他者の選挙権の制限に係る当該規定の違憲を主張してこれを争うことは法律上予定されていない」と判示する。前記昭和 51 年最高裁大法廷判決「争うことのできる唯一の訴訟」との整合性として，公選法の規定において一定の者につき選挙権を制限していることの憲法適合性については，当該者が自己の選挙権の侵害を理由にその救済を求めて提起する訴訟において争い得る可能性を示唆している。本決定において，最高裁は，裁判所法 3 条 1 項・行訴法 42 条を確認した上で，民衆訴訟の裁判所による解釈的創設を制限したとも理解され得る[17]。

(ii)　当選の効力に関する訴訟

地方公共団体の議会の議員又は長の選挙において，その当選の効力に関し不服がある選挙人又は公職の候補者は，当該選挙に関する事務を管理する選挙管理委員会に対して異議を申し出ることができ

---

[17]　同旨，最判平成 29 年 10 月 31 日判時 2357＝2358 号 1 頁。最決平成 26 年 7 月 9 日判時 2241 号 20 頁について，山岸敬子「判批」民商 150 巻 6 号（2014 年）753 頁参照。私は，この中で，公選法 204 条の選挙無効訴訟は行訴法 5 条の民衆訴訟（客観訴訟）であり，本決定の「選挙無効訴訟において選挙人らが他者の選挙権の制限に係る当該規定の違憲を主張してこれを争うことは法律上予定されていない」との説示は適切でない旨を指摘した（757〜758 頁）。最高裁は，前記平成 29 年判決では，「他者の」を除いて，「選挙無効訴訟において選挙人らが被選挙権の制限に係る当該規定の違憲を主張してこれを争うことは法律上予定されていない」と判示する。参照，野口貴公美「判解」法教 450 号（2018 年）139 頁。

Ⅰ　客観訴訟制度の実践的意義

る（公選 206 条 1 項）。市町村の選挙管理委員会に対して異議を申し
出た場合において，その決定に不服がある者は，当該都道府県の選
挙管理委員会に審査を申し立てることができる（同条 2 項）。都道
府県の選挙管理委員会の決定又は裁決に不服がある者は，当該都道
府県の選挙管理委員会を被告とし，高等裁判所に訴訟を提起するこ
とができる（公選 207 条 1 項）。

　衆議院議員又は参議院議員の選挙において，当選をしなかった者
（衆議院小選挙区選出議員の選挙にあっては候補者届出政党，衆議院比例
代表選出議員の選挙にあっては衆議院名簿届出政党等，参議院比例代表
選出議員の選挙にあっては参議院名簿届出政党等を含む。）で当選の効
力に関し不服があるものは，衆議院（小選挙区選出）議員又は参議
院（選挙区選出）議員の選挙にあっては当該選挙に関する事務を管
理する都道府県の選挙管理委員会（参議院合同選挙区選挙については，
当該選挙に関する事務を管理する参議院合同選挙区選挙管理委員会）を，
衆議院（比例代表選出）議員又は参議院（比例代表選出）議員の選挙
にあっては中央選挙管理会を被告とし，高等裁判所に訴訟を提起す
ることができる（公選 208 条 1 項）。

　国政選挙の当選の効力に関する訴訟につき，出訴資格を限定する
理由は何であろうか。数の多さを懸念するのであろうか。当選をし
なかった者の権利保護を目的とするならば，当該訴訟の民衆訴訟性
には疑問があるが，「他面において，落選者であれば出訴でき，当
該当選訴訟で勝訴すれば自分が当選することは訴訟要件でないので，

46

主観訴訟でもない特殊な訴訟といえる」[18]，「選挙が公共の機関を構成するための手続であり，その手続が公正に行われることを確保することが公益上極めて重要である……本条の当選訴訟も，やはり，当選人決定の違法を匡正することを目的とする民衆訴訟的性質のものであるが，ただ，その範囲が限定されているものと考えるのが適当であろう」[19]と説かれている。

当選無効の争いとして，当選人の決定手続の違法性，各候補者の有効得票数の計算の誤り，当選人たり得る資格の認定の誤り等が挙げられる[20]。

公選法209条は，当選の効力に関する争訟においても，当該選挙管理委員会又は裁判所は，当該選挙の効力について判断し得ることを認めている。選挙の効力に関する争訟と当選の効力に関する争訟とは法律上別個のものであるが，「当選争訟は選挙の有効なることを前提とする争訟であって，選挙が無効であれば，当選人決定もありえないこととなり，その争訟も成立しないこととなるので，選挙の効力如何を審議することは，いわば当選争訟成立要件の存否を審理するものであるとも考えられ，また，選挙に関する争訟は公益上重大な意義を有するものであるから，法律は，特に当選争訟におい

---

(18)　宇賀克也『行政法概説II行政救済法【第6版】』（有斐閣，2018年）386頁。

(19)　安田＝荒川・前掲注(10)1673〜1674頁。

(20)　当選の効力に関する争訟の詳細について，安田＝荒川・前掲注(10)1650〜1676頁参照。

I 客観訴訟制度の実践的意義

ても選挙の効力につき判断しうることを認めているのである」[21]と解説されている。ただし，選挙の効力に関する争訟と当選の効力に関する争訟とは法律上別個のものであることから，本条に拠って，争訟提起者が選挙の無効を原因として当選の無効を主張することは認められない。

(iii) 連 座 訴 訟

公選法 210 条は総括主宰者，出納責任者等の選挙犯罪による公職の候補者であった者の当選の効力及び立候補の資格に関する訴訟を，同法 211 条は総括主宰者，出納責任者等の選挙犯罪による公職の候補者等であった者の当選無効及び立候補の禁止の訴訟を規定する。同法 219 条 1 項に拠れば，このうち検察官が提起する訴訟は民衆訴訟である。検察官の提訴は，公益上の見地に立つと解するからであろうか。

(iv) 選挙人名簿に関する訴訟

選挙人は，選挙人名簿の登録に関し不服があるときは，当該市町村の選挙管理委員会に異議を申し出ることができる（公選 24 条 1 項）。異議申出人たる選挙人は，何人でもよく，当該市町村の選挙人でなくともよい。

決定に不服がある異議申出人又は関係人は，当該市町村の選挙管理委員会を被告として，当該市町村の選挙管理委員会の所在地を管轄する地方裁判所に出訴することができる（公選 25 条 1 項・2 項）。

---

(21)　安田＝荒川・前掲注(10)1677 頁。

第 2 章　民 衆 訴 訟

関係人に当たるのは，選挙管理委員会が異議を正当であると決定した結果，名簿に登録され，あるいは名簿から抹消された者である（公選 24 条 2 項参照）。選挙人であるというだけでは，関係人ということはできない[22]。

最高裁は，選挙人名簿不登録処分に対する異議の申出却下決定取消請求事件（最判平成 7 年 2 月 28 日民集 49 巻 2 号 639 頁）[23]において，大阪市内に居住する韓国国籍の者らが提起した訴えを適法としている。第 1 審である大阪地判平成 5 年 6 月 29 日民集 49 巻 2 号 670 頁は，原告適格を認定する理由を「公職選挙法 25 条に規定する選挙人名簿の登録に関する訴訟は，同法 24 条 2 項の規定に不服がある異議申出人又は関係人に限り提起することができるところ，同法 24 条 1 項の規定によると，右異議の申出をすることができる者は『選挙人』であり，また，異議の申出をすることができる事由は，『選挙人名簿の登録に関する不服』とされている。同法 24 条の異議申立ての制度は，選挙人名簿の被登録資格を有する者が選挙人名簿に登録されていない場合，あるいは，選挙人名簿の被登録資格を有しない者が選挙人名簿に登録されている場合に，これらを是正する

---

(22)　最判昭和 29 年 2 月 23 日民集 8 巻 2 号 550 頁。当該名簿について異議申立人でもなく脱漏，誤載の関係人でもない原告が，被告（村選挙管理委員会）に対し，選挙管理委員会が訴外 A 及び B を選挙人名簿に登載するとした決定を取り消すよう求めて提訴した事案の上告審で，最高裁は，「上告人のように選挙人であるというだけでは，『関係人』ということはできない」と判示した。

(23)　第 4 章注(12)参照。

49

I 客観訴訟制度の実践的意義

ことを目的とするものであり，『選挙人名簿の登録に関する不服』
の対象及びその審理の対象も右の事由に限られるものと解される。
そして，これを前提とする限り，選挙人名簿の被登録資格，すなわ
ち選挙権を有していると考えているにもかかわらず選挙人名簿に登
録されていない者は，正に右『選挙人名簿の登録に関する不服』の
申立てをして，これを是正することを求めることができるのであり，
したがって，前記異議の申出をすることができるとされている『選
挙人』の要件としては，その者が現に選挙権を有していることまで
の必要はなく，選挙権を有していると主張している者であれば足り
るというべきである」と判示する。

　選挙人名簿の調製に関する手続につき，その全体に通ずる重大な
瑕疵がある場合には，公選法205条1項所定の選挙無効の原因とな
る[24]。

　なお，在外選挙人名簿の登録等に関する異議の申出及び訴訟につ
いては，公選法30条の8及び30条の9が規定している。

② 漁業法に基づく訴訟

　漁業法は，海区漁業調整委員会委員の選挙に関する訴訟および解
職の投票に関する訴訟について，公選法の規定を準用している（漁
業94条・99条5項，同法施行令21条参照）。

---

(24)　選挙人名簿の登録に際し現実の住所移転を伴わない架空転入が大量に
　　あった最判昭和60年1月22日民集39巻1号44頁等。

50

第 2 章　民　衆　訴　訟

(2)　投票等に関する訴訟

投票等に関する訴訟には，①最高裁判所裁判官国民審査法に基づく訴訟，②直接請求に関する訴訟，③地方自治特別法の住民投票に関する訴訟，及び④日本国憲法の改正手続に関する法律に基づく訴訟がある。

①　最高裁判所裁判官国民審査法に基づく訴訟

最高裁判所裁判官国民審査法に，審査無効の訴訟（裁審 36 条）と罷免無効の訴訟（裁審 38 条）の規定がある。

前者について，審査の効力に関し異議があるときは，審査人又は罷免を可とされた裁判官は，中央選挙管理会を被告として，東京高等裁判所に訴えを提起することができる。後者について，審査の結果罷免を可とされた裁判官は，その罷免の効力に関し異議があるときは，中央選挙管理会を被告として，東京高等裁判所に訴えを提起することができる。後者の原告は，罷免を可とされた裁判官のみとされており，その客観訴訟性について疑問も指摘されているが，当該法規の適正執行の確保のために，その主張に最も適した提訴者を選定したものとも考えられよう。行訴法所定の民衆訴訟は，このような原告の選択を否定している，とは解されない[25]。

②　直接請求に関する訴訟

②は，地方自治法（以下「地自法」という）が定める民衆訴訟の

---

[25]　杉本良吉「行政事件訴訟法の解説(一)」曹時 15 巻 3 号（1963 年）50
　　～52 頁。

51

Ⅰ　客観訴訟制度の実践的意義

類型である。地自法は，直接請求という参政の手段を住民に認めているが，それとのかかわりで，(ⅰ)投票の効力を争う訴訟，(ⅱ)署名の効力についての訴訟を設けている。

　(ⅰ)　投票の効力を争う訴訟

　当該普通地方公共団体の議会の解散の投票（自治76条3項）並びに議員の解職の投票（自治80条3項）・当該普通地方公共団体の長の解職の投票（自治81条2項）に，公選法中普通地方公共団体の選挙に関する規定が準用される（自治85条1項）。

　また，地自法86条3項に規定される普通地方公共団体の役員の解職の議決に対して，同法118条5項の民衆争訟手続が準用されている（自治87条2項）。

　市町村の合併の特例に関する法律は，合併協議会設置協議にかかる選挙人の投票（市町村合併特5条21項）について，公選法中普通地方公共団体の選挙に関する規定を準用する（同条32項）。

　(ⅱ)　署名の効力についての訴訟

　条例の制定又は改廃の請求者の署名簿の署名に関し異議があるときは，関係人は，縦覧期間内に当該市町村の選挙管理委員会に申し出ることができる（自治74条の2第4項）。都道府県の条例の制定又は改廃の請求者の署名簿の署名に関し，異議の申出に対する市町村の選挙管理委員会による決定に不服がある者は，都道府県の選挙管理委員会に審査を申し立てることができる（同条7項）。市町村の条例の制定又は改廃の請求者の署名簿の署名に関し，異議の申出に対する市町村の選挙管理委員会による決定に不服がある者は，地

52

方裁判所に出訴することができる（同条8項）。都道府県の条例の制定又は改廃の請求者の署名簿の署名に関し，審査の申立てに対する都道府県の選挙管理委員会による裁決に不服がある者は，高等裁判所に出訴することができる（同条9項）。両訴訟には，行訴法43条が準用されている（自治74条の2第13項）。被告は，地方公共団体であるが，地自法192条が，「選挙管理委員会の処分又は裁決に係る普通地方公共団体を被告とする訴訟については，選挙管理委員会が当該普通地方公共団体を代表する」と規定する。

最高裁は，条例の廃止を求める直接請求のための署名簿の署名の効力に関する訴訟の係属中，条例が廃止されたときは，訴えの利益は失われると判示した1審判決の判断（広島地判昭和35年5月24日民集15巻3号637頁）を正当とする[26]が，「現在の争訟制度の最大の欠陥は，裁判所の審理遅延にあるといつて過言ではない。……場合によつては直接請求は全く意味をなさない事態となることも起こり得る」[27]との指摘がある。

③　地方自治特別法の住民投票に関する訴訟

憲法95条は，「一の地方公共団体のみに適用される特別法は，法律の定めるところにより，その地方公共団体の住民の投票においてその過半数の同意を得なければ，国会は，これを制定することができない」と定めている。その手続きは，地自法261条に従う。同法

(26)　最判昭和36年3月30日民集15巻3号629頁。
(27)　松本英昭『新版逐条地方自治法第9次改訂版』（学陽書房，2017年）290～291頁。

I 客観訴訟制度の実践的意義

262条1項は，当該住民投票に，公選法中の普通地方公共団体の選挙に関する規定を準用している。

④ 日本国憲法の改正手続に関する法律に基づく訴訟

日本国憲法の改正手続に関する法律（以下「国民投票法」という）は，憲法改正に係る国民投票のための投票人名簿・在外投票人名簿の登録に関する異議の申出及び訴訟について，公選法24条・25条を，一部読替えて準用する（国民投票法25条・26条・39条・40条）。

国民投票に関し異議がある投票人は，中央選挙管理会を被告として，東京高等裁判所に訴訟を提起することができる（国民投票法127条）。判例の蓄積による基準の確立を期待できない訴訟として，国民投票法128条は，投票の無効事由を明記している。

(3) 住 民 訴 訟

地自法242条の2は，地方公共団体の財務行政の適正な運営の確保を図って，住民訴訟制度を規定する。当該普通地方公共団体の財務会計上の法規に適合しない行為（公金の支出，財産の取得・管理・処分，契約の締結・履行，債務その他の義務の負担など）の是正を求めて，当該普通地方公共団体の住民であって，住民監査請求（自治242条）を経た者であれば誰でも，自己の個人的利益とかかわりなく，「いわば公益の代表者として」[28]提訴することができる。納税者たること・有権者たること・日本国民たることを要せず，自然人

(28) 最判昭和53年3月30日民集32巻2号485頁。参照，最大判平成9年4月2日民集51巻4号1673頁。

54

に限らず法人も含まれる。年齢も要件となっていないので，未成年者も含まれ得る。

　最高裁は，地自法242条の2所定の住民訴訟制度の訴権を「法律によつて特別に認められた参政権の一種」[29]と解する。すなわち，「普通地方公共団体の執行機関又は職員による同法242条1項所定の財務会計上の違法な行為又は怠る事実が究極的には当該地方公共団体の構成員である住民全体の利益を害するものであるところから，これを防止するため，地方自治の本旨に基づく住民参政の一環として，住民に対しその予防又は是正を裁判所に請求する権能を与え，もつて地方財務行政の適正な運営を確保することを目的としたもの」[30]と説く。

　地自法242の2第1項は，以下の4つの請求を定めている。「当該執行機関又は職員に対する当該行為の全部又は一部の差止めの請求」（1号請求），「行政処分たる当該行為の取消し又は無効確認の請求」（2号請求），「当該執行機関又は職員に対する当該怠る事実の違法確認の請求」（3号請求），「当該職員又は当該行為若しくは怠る事実に係る相手方に損害賠償又は不当利得返還の請求をすることを当該普通地方公共団体の執行機関又は職員に対して求める請求。ただし，当該職員又は当該行為若しくは怠る事実に係る相手方が第243条の2の2第3項の規定による賠償の命令の対象となる者である場

（29）　最判昭和53年3月30日・前掲注(28)。
（30）　最判昭和53年3月30日・前掲注(28)。同旨，最判昭和38年3月12日民集17巻2号318頁。

Ⅰ 客観訴訟制度の実践的意義

合には，当該賠償の命令をすることを求める請求」（4号請求）。

　住民訴訟は，近年，情報公開制度と連動して，地方行財政に対する住民監視の有力な手段となっている[31]。

5　現行法上の民衆訴訟手続

(1)　一　般　原　則

　現行法上の民衆訴訟手続について，行訴法43条に一般原則が定められている[32]。すなわち，民衆訴訟には，①処分又は裁決の取消しを求めるもの，②処分又は裁決の無効の確認を求めるもの，③それ以外のものがあるという前提の下に，それぞれ，①に取消訴訟に関する規定，②に無効等確認の訴えに関する規定，③に当事者訴訟に関する規定を準用するとしている。ただし，民衆訴訟の性質からして不適当な規定は除外されている。①については，9条（原告適格）・10条1項（取消しの理由の制限），②については，36条（無効等確認の訴えの原告適格），③については，39条（出訴の通知）・40条1項（出訴期間経過にかかる正当な理由）が除かれている。③の除外理由に関して，39条につき，民衆訴訟は「いわゆる形式上の当事者訴訟の形のものとなる余地はない」と，40条1項につき，「や

---

(31)　住民訴訟制度のさらなる改革の視点について，阿部泰隆『住民訴訟の理論と実務――改革の提案――』（信山社，2015年）が詳しく論じている。

(32)　行訴法43条が定めるところの詳細について，南博方原編著『条解行政事件訴訟法第4版』（弘文堂，2014年）897～908頁〔山本隆司執筆〕参照。

第2章　民衆訴訟

むをえない個人的事情による出訴期間の不遵守に関する救済をはかる必要はない」と考えられるからであると説明されている[33]。

③の民衆訴訟として，地自法242条の2第1項所定の住民訴訟の1号請求，3号請求，4号請求が挙げられるが，これらの訴訟に当事者訴訟に関する規定を準用することは解し難い。山本隆司教授は，「民衆訴訟……を3つに分類し，行政処分取消訴訟，行政処分無効確認訴訟，当事者訴訟に準えることは，あまり重要な意味を持たず，ミスリーディングでさえある」[34]という。

民衆訴訟は，行訴法が定める行政事件訴訟であるから（行訴2条），同法7条が適用される。したがって，民衆訴訟の手続きは，43条の準用によるほか，7条に基づいて，「民事訴訟の例による」。しかし，それは，立法趣旨として説かれるごとく[35]，民衆訴訟の本質に反しない限りにおいてである。民事訴訟法は主観訴訟手続の基本であり，民衆訴訟は客観訴訟である。

(2)　**特別法が定める手続き**

民衆訴訟を設ける個別法には，その訴訟手続に関する規定が置かれていることが多い。この場合には，それが特別法となり，一般法たる行訴法に優先する。民衆訴訟は客観訴訟であることから，公益

---

(33)　東條武治「客観訴訟」雄川一郎ほか編『現代行政法体系5行政争訟Ⅱ』（有斐閣，1984年）117頁。

(34)　山本・前掲注(32)900頁。

(35)　杉本・前掲注(25)54頁，田中二郎『新版行政法上巻［全訂第2版]』（弘文堂，1974年）285～286頁。

I 客観訴訟制度の実践的意義

性に配慮した規定が多い。以下のような例がある。

　公選法は，選挙に関する民衆訴訟について，次のような特別な手続きを規定している。すなわち，選挙の効力の適法性と安定性を調和させるために，短い出訴期間（公選203条1項・204条・207条1項・208条1項），迅速な訴訟処理（公選213条　裁判所は，他の訴訟の順序にかかわらず，事件を受理した日から100日以内に訴訟の判決をするように努めなければならない）・執行不停止（公選214条）を定める。選挙に関する訴訟の制度的な地位や性格からみて，公選法219条1項が，行訴法43条の準用を一部排除あるいは制限する。すなわち，行訴法の13条（関連請求に係る訴訟の移送）・19条から21条まで（原告による請求の追加的併合，国又は公共団体に対する請求への訴えの変更）・25条から29条まで（執行停止等）・31条（特別の事情による請求の棄却）・34条（第三者の再審の訴え）を排除し，16条から18条まで（請求の客観的併合，共同訴訟，第三者による請求の追加的併合）を制限する。関連請求に係る規定の排除・制限は，選挙をめぐる行為には国又は公共団体に対する損害賠償の請求を認めないという前提に立っている，と解説されている(36)。

　公選法209条は，同法206～208条所定の当選の効力に関する争訟においても，当該選挙管理委員会又は裁判所は，当該選挙の効力について，当選の効力に関する争訟の成立要件の存否の審理として，判断し得ることを認めている。ただし，先に述べたように，同法

―――――――――――

(36)　安田＝荒川・前掲注(10)1725頁。

58

第2章　民衆訴訟

209条に拠って，争訟提起者が選挙の無効を原因として当選の無効を主張することはできない。そうであるにもかかわらず，訴訟においては，裁判官は，弁論主義の下，当事者の提出した資料のみに基づいて，当該選挙の無効を判断しなければならない。このため，職権探知主義を執り，それにより知り得た事実に基づいて決定・裁決をなし得る選挙管理委員会の積極的審理が期待されている[37]。なお，行訴法23条の2（釈明処分の特則）は，公選法219条に拠り，選挙関係訴訟に適用される。

　選挙規定違反の事実の存否が不明瞭である場合には，選挙管理委員会は，当事者の主張に拘束されることなく，十分な心証を得られるまで調査をし，当事者が主張する事実はないとしても，当事者が主張する以外の事実について積極的に審理をした上で，当該選挙の効力・当該当選の効力について判断することができる。当該選挙・当該当選が有効であるか無効であるかは公益上極めて重要なことである。そうであるにもかかわらず，公選法203条・204条に基づく選挙の効力に関する訴訟及び同法207条・208条の当選の効力に関する訴訟とそれに係る選挙無効の判定（公選209条）において，裁判所は，現行法上，職権探知主義を執ることはできない。公選法204条・208条の審理は，裁判所のみである。

　弁論主義に拠れば，争われている当選人の当選は無効とならず，その効力を争われていない他の当選人の当選が無効であることが判

---

(37)　安田＝荒川・前掲注(10)1568〜1569頁，1670頁，1677〜1678頁。

I 客観訴訟制度の実践的意義

明しても，その者の当選を無効とすることはできない。裁判所は，請求棄却の判決をすることになる。

　公選法は，選挙人名簿に関する訴訟について，短い出訴期間（公選25条1項・30条の9第1項）を規定する。同法213条の準用によって迅速な訴訟処理を定め，同法214条の規定の準用によって，訴訟の提起があっても，処分の執行を停止しない（公選25条4項・30条の9第2項）。したがって，たとえ訴訟の提起があっても，判決が確定するまでの間は，選挙人名簿は異議の決定の段階のままで選挙に使用される。公選法25条3項・30条の9第1項は，第1審の地方裁判所の判決に不服がある者は，控訴することはできないが，最高裁に上告することができる，と規定する。「ここで控訴を認めていないのは，なるべく早期に事案を終結させようとする意図であろう」[38]と解かれている。審級の省略は，行訴法42条に拠るものであろう。公選法219条1項が，同法25条4項・30条の9第2項によって準用される。

　地自法は，署名簿の署名に関する訴訟について，短い出訴期間（自治74条の2第8項・9項），迅速な訴訟処理（同条11項）を定め，行訴法43条の準用に際して，同法の13条を排除し，16条から19条までを制限する（自治74条の2第13項）。請求代表者は，他の関係人の争訟提起によって署名の効力の執行が停止されない限り（自治258条1項，行審25条1項，行訴25条1項），直接請求の手続を進

---

(38)　安田充＝荒川敦編著『逐条解説公職選挙法(上)5版』（ぎょうせい，2013年）200頁。

第2章　民衆訴訟

めることができる。

　住民訴訟について，地自法は，不変期間たる出訴期間（自治242条の2第2項・3項），別訴の禁止（同条4項），訴訟管轄（同条5項）に加えて，弁護士費用に関して特別規定を設ける。すなわち，「第1項の規定による訴訟を提起した者が勝訴（一部勝訴を含む。）した場合において，弁護士又は弁護士法人に報酬を支払うべきときは，当該普通地方公共団体に対し，その報酬額の範囲内で相当と認められる額の支払を請求することができる」（同条12項）とする[39]。その趣旨として，「住民訴訟において住民が勝訴するということは，結果として団体の違法な行為が是正され，地方公共団体及び全住民が違法行為の是正という利益を受けることになるとみられ，……また，住民訴訟を通じた住民による違法行為の監視機能の充実にも資する」[40]ゆえと解説されている。

(3)　主観訴訟手続を採る現行民衆訴訟[41]

　民衆訴訟の手続きは，行訴法43条に定める抗告訴訟又は当事者

---

(39)　地自法242条の2第12項に拠る弁護士報酬の支払請求に関して，山岸敬子「判解」地方自治判例百選［第4版］115事件（最判平成10年6月16日判時1648号56頁――「勝訴」の解釈）191頁・116事件（最判平成21年4月23日民集63巻4号703頁――「相当と認められる額」の認定）192頁参照。地自法の平成14年法律4号による改正後に，242条の2第12項の「相当と認められる額」の支払いが提訴された大阪地判平成27年9月3日判自415号13頁について，南川和宣「判批」新・判例解説Watch法セミ増刊速報判例解説vol.23（2018年）81頁以下参照。

(40)　松本・前掲注(27)1070頁。

(41)　この問題について詳しくは，山岸敬子『客観訴訟の法理』（勁草書房，

Ⅰ　客観訴訟制度の実践的意義

訴訟に関する規定の準用によるほか，同法7条に基づく。行訴法7条は，「行政事件訴訟に関し，この法律に定めがない事項については，民事訴訟の例による」と規定する。現行において，民衆訴訟の審理手続は，民事訴訟の例によって，当事者主義を採る。行訴法は，客観訴訟である民衆訴訟の手続きについて，弁論主義を採用している。弁論主義に基づくならば，判決の基礎資料は当事者が現実に提出したものに限られる。裁判所は，当事者の弁論に現れた主張と証拠のみを根拠として，審理をおこなう。しかし，民衆訴訟は客観訴訟であり，客観訴訟は客観的な法秩序を維持するための訴訟である。客観的法秩序は，直接の訴訟当事者による弁論主義の帰趨に馴染むものではない。何が適正な法秩序であるかの客観的判断を必ず当事者の主張・立証のみから下さなければならないとすることは不合理である。客観訴訟の審理は，直接の訴訟当事者の主張・立証活動に限定される当事者主義にとどまることはできない。

　客観訴訟の原告は，公益の代表者である。客観的法秩序の維持という公益のための公益の代表者としての提訴であるのに，原告のみに訴訟追行の労を求めることは不合理である。原告の訴訟行為の負担が重ければ重いほど，訴訟の結果は，原告の訴訟追行能力に左右される。何が客観的法秩序であるかの帰趨は，特定個人の訴訟追行の巧拙等に馴染むものではない。

　客観訴訟においては，自己の利益のためではない公益のための訴

───────────

　2004年）29頁以下。

第2章 民衆訴訟

訟手続上の技術的当事者を主張・立証の自己責任から解放する職権探知を含む裁判所の積極的な職権審理が強く要請される。

行訴法7条に拠る民衆訴訟の現行手続上，当事者の意思の儘を紛争解決基準となし得る処分権主義の限界も明確ではない。客観的な法秩序の維持は，万人のための請求である。万人のための請求を，原告が私的に処分することは認められない。何が適正な法秩序であるかの判断は，当事者が自由に処分し得る問題ではない。職権主義が採用されれば，処分権主義は制限される。

客観訴訟の勝訴判決は，客観的な法秩序の回復である。法秩序は万人に対して回復されなければならない。したがって，その勝訴判決は，万人によって援用され得なければならないし，万人に対抗可能でなければならない。客観訴訟の勝訴判決は法規範であり，理論的帰結として対世効が付与されるが，行訴法7条に拠る民衆訴訟の現行手続上，判決効の対世性も明らかではない。

判決が万人のものとなるならば，当事者の自己責任の原則に基づく訴訟手続を採ることはできない。客観訴訟の審理手続は，誰が訴訟当事者であっても，誰が訴訟参加しても，同じ結論になるとの信頼を必要とする。客観訴訟の手続における職権主義の要請は，主観訴訟の場合よりも遥かに顕著である。

客観訴訟の判決は，相当広範囲の多数者の正義・衡平感覚を反映したコンセンサスによって支持・承認され得るものでなければならない。訴訟資料を豊富にして，裁判官の判断を助けるために，適正手続の保障（憲31条）・裁判を受ける権利（憲32条）から解放され

63

I 客観訴訟制度の実践的意義

た広い参加制度の整備が望まれる。

客観訴訟たる民衆訴訟手続は，行訴法上，特別法で定め得る（行訴42条）。

6 行政に対する司法統制の強化と民衆訴訟

平成13年6月12日に内閣に提出された司法制度改革審議会の意見書（https://www.kantei.go.jp/jp/sihouseido/report/ikensyo/index.html）は，「現行の行政訴訟制度では対応が困難な新たな問題点として，行政需要の増大と行政作用の多様化に伴い，伝統的な取消訴訟の枠組みでは必ずしも対処しきれないタイプの紛争（行政計画の取消訴訟等）が出現し，これらに対する実体法及び手続法それぞれのレベルでの手当が必要である」と述べ，さらに，司法の行政に対するチェック機能の強化をはかるために，民事訴訟をモデルとした対応とは一線を画した固有の「行政訴訟法（仮称）」制定の要否も視野に入れる，と提言する。

確かに，行訴法は，創設の当初から，多くの課題を将来に託している。行訴法の制定に携わった雄川一郎教授は，「現代型の行政紛争に対して，行政訴訟制度ないし裁判所はどう対応すべきかということになるが，もとより行政事件訴訟法自体の中には，この問題に直接答える定めはない。即ち，戦後の制度改革において民事訴訟法応急措置法から発足し，行政事件訴訟特例法から行政事件訴訟法へと発展して来た行政訴訟の制度としての限界がここにあるというべ

64

第 2 章　民 衆 訴 訟

きであろう」(42) と指摘する。

　行訴法は，伝統的な権利保護の制度として，主観訴訟体系を基本
として構成された。行訴法は，取消訴訟を中心に主観訴訟を原則と
して，主観的権利保護の体系を整える。行訴法は，主観的権利の貫
徹に奉仕する，近代型の，個人主義的な訴訟体系を基礎としている。
司法の行政に対するチェック機能を強化するためには，その限界を
超える制度が必要である。

　古典的な主観的紛争とは性格の異なる，現代的な行政紛争の解決
が切実に求められながら，行訴法が，それに制度的に対応していな
いとすれば，民衆訴訟のための特別訴訟手続の立法は，今日，焦眉
の課題である。

　行訴法は，主観訴訟たる取消訴訟と客観訴訟たる民衆訴訟を明確
に区別して規定する。その立法趣旨を《異なる訴訟手続の必要性》
と理解することが有益である。主観訴訟の手続法理と客観訴訟の手
続法理とは異なり得る。

　行政訴訟法制の見直し作業を進めるに際して，行訴法が個別法に
よる民衆訴訟の創設を許容している（行訴 42 条）ことは，幸運であ
る。行訴法の改正によることなく，個別法あるいは個別的一般法に
基づく民衆訴訟の整備によって，わが国の行政訴訟法制を再構成す
ることができるからである。法の支配の理念の下，主観訴訟体系を
整える行訴法を一般法と位置付けながら，特別法で，客観訴訟法制

---

(42)　雄川一郎『行政争訟の理論』（有斐閣，1986 年）204 頁。

65

I 客観訴訟制度の実践的意義

を構築することが可能である。

　主観訴訟は私益の保護を目的とし，客観訴訟は公益の保護に対応する。私益と公益の差異は，絶対的なものでも不変的なものでもない。時間の経過とともに，前者が，次第に，後者を吸収する。しかし，公益が私益に完全に還元されることはない。公益を可能な限り私益に還元しようとすることには弊害がある。そのような方向は，権利概念の外延を際限なく拡大し，結果として，その内包を希薄化してしまうからである[43]。

　主観訴訟は，私益の保護を制度目的として，そのために整えられている。私益の保護のためにつくられた制度的枠組みは，それとして守られ充実されなければならない。民衆訴訟の存在は，主観訴訟の中に公益保護を持ち込み，その訴訟構造の混乱を招くことなく，訴訟による公益の適正な実現を可能とする。

　行訴法が特別法で創設を許している客観訴訟制度は，伝統的な枠組みでは対処しきれない新しいタイプの紛争の解決に有能であり，あるべき裁判所が，あるべき司法権の役割を果たす枠組みづくりのために，今後ますます必要とされるであろう。

---

(43)　仲野武志教授は，『公権力の行使概念の研究』（有斐閣，2007 年）のなかで，主観的権利への還元を通じて対処しようとする利益状況につき，「『権利』概念の自己破綻的拡張」と評している（9 頁）。

第3章　客観訴訟と上告制度

1　はじめに——本章の目的

　行政事件訴訟法（以下「行訴法」という）は，5条に民衆訴訟を，6条に機関訴訟を規定する。民衆訴訟は「国又は公共団体の機関の法規に適合しない行為の是正を求める訴訟で，選挙人たる資格その他自己の法律上の利益にかかわらない資格で提起するもの」であり，機関訴訟は，「国又は公共団体の機関相互間における権限の存否又はその行使に関する紛争についての訴訟」である。両訴訟は，私人の個人的な利益救済ということとは無関係に，行政活動の適法性の維持を目的とした客観訴訟制度である。行訴法は，民衆訴訟・機関訴訟を客観訴訟として定めた[1]。

　行訴法に，上告制度に関する規定はない。行訴法7条に拠って「行政事件訴訟に関し，この法律に定めがない事項については，民事訴訟の例による」ので，行訴法所定の客観訴訟にかかる上告については，民事訴訟法（以下「民訴法」という）の制度に基づくこと

---

(1)　杉本良吉「行政事件訴訟法の解説(一)」曹時15巻3号（1963年）33頁「抗告訴訟，当事者訴訟と民衆訴訟，機関訴訟とは性格を異にし，前二者はいわゆる主観的訴訟，すなわち個人的な権利利益の保護救済を目的とするものであり，これに対し後二者は，客観的訴訟，すなわち，法規の適用の適正または一般公共の利益の保護を目的とする特殊の訴訟である」。参照，塩野宏『行政法Ⅱ行政救済法［第六版］』（有斐閣，2019年）83頁。

Ⅰ　客観訴訟制度の実践的意義

になる。

　民事訴訟の例による上告制度は，客観訴訟の法理と整合するもの
なのであろうか。それを検証することが，本章の目的である。

2　客観訴訟と現行上告制度

　(1)　上告は，最上級審に対する上訴である。通常は，控訴審の終
局判決に対してなされる。

　上告審としての管轄は，地方裁判所および高等裁判所が第一審と
なる場合には最高裁判所に，簡易裁判所が第一審となる場合には高
等裁判所に認められる（民訴 311 条 1 項，裁 7 条 1 号・16 条 3 号）。
民衆訴訟・機関訴訟の第一審裁判所は，地方裁判所である（行訴 2
条，裁 24 条 1 号・33 条 1 項 1 号かっこ書)[2]。高等裁判所が第一審裁
判所とされていることもある（公選 203 条 1 項・204 条・207 条 1 項・
208 条 1 項・217 条，自治 251 条の 5 第 3 項・251 条の 6 第 3 項・251 条
の 7 第 3 項・252 条 6 項）。民衆訴訟・機関訴訟の上告審は最高裁判
所（以下「最高裁」という）である。

　上告審は，法律審である。上告は，基本的には，事実審である原
審の終局判決に対して法律審である上告審に上訴することを意味す
る。上告審の審判の対象は，法律上の事由に基づいて，原審の終局
判決が破棄されるべきかどうかである。原審までに提出された裁判

---

(2)　地方裁判所の支部は行政事件訴訟の事物管轄を有しない（地方裁判所
　　及び家庭裁判所支部設置規則 1 条 2 項）。

資料に基づいて，原審の法律判断を審査する。

民訴法 312 条 1 項に拠れば，上告は，判決に憲法の解釈の誤りがあることその他憲法の違反があることを理由とするときに，することができる。原判決の憲法違反を理由とするときは，判決に影響を及ぼすことが明らかでなくても上告し得ると解されている。

同条 2 項に規定される絶対的上告理由といわれる高度の公益性にかかわる重要な手続法規違反[3]を理由とするときも，上告することができる。原判決が同条 2 項所定の重要な手続法規に違反した場合には，判決の結論に影響があるか否かを問わないで，常に上告理由となる。

民訴法 312 条 1 項についても 2 項についても，上告申立ての適法要件としては，当該上告理由があるとの主張だけで足りる。その主張が真に上告理由に該当するか否かは本案の問題である[4]。例えば，形式的ではあっても最高裁に対する上告理由の主張がある限り，実質的にはその上告理由に該当しない場合であっても，原裁判所が同法 316 条 1 項によって却下することはできず，最高裁が同法 317 条 2 項により棄却できるにとどまる。

上告制度は，誤っている原判決を取消し，変更して，当事者の救済と権利の保護を図ることと，法令解釈の統一を図ることを目的と

---

(3) 民訴法 312 条 2 項は，1 号〜6 号（2 号の 2 を含む）をもって，7 個の事由を絶対的上告理由として列挙している。

(4) 高田裕成ほか編『注釈民事訴訟法第 5 巻』（有斐閣，2015 年）249 頁［勅使川原和彦執筆］。参照，最決平成 11 年 3 月 9 日判時 1673 号 87 頁，最決平成 21 年 6 月 30 日判時 2052 号 48 頁。

I　客観訴訟制度の実践的意義

している。上告に基づいて上告審が原判決の法令解釈を審査することを通じて，法令解釈の統一が期待される。特に，終審の法律審であり最終の法令解釈権を有する最高裁が上告審となる場合には，この目的が強く意識される。

　現行法は，最高裁が憲法判断および法令解釈の統一という本来の責務を果たせるように，最高裁に対する上告理由を憲法違反および絶対的上告理由に限定した[5]。上告の制限は，最高裁の負担軽減を目的としたものである。上告の制限は，上告の二つの目的のうち，法令解釈の統一を図る目的を重視することのあらわれともみることができる[6]。

　最高裁への上告理由は，憲法違反および絶対的上告理由に限られるが，民訴法318条1項は，上告受理申立制度を定める。「上告をすべき裁判所が最高裁判所である場合には，最高裁判所は，原判決に最高裁判所の判例（これがない場合にあっては，大審院又は上告裁判所若しくは控訴裁判所である高等裁判所の判例）と相反する判断がある事件その他の法令の解釈に関する重要な事項を含むものと認められる事件について，申立てにより，決定で，上告審として事件を

---

(5)　「いかなる事由を理由に上告をすることを許容するかは審級制度の問題であって，憲法が81条の規定するところを除いてはこれをすべて立法の適宜に定めるところにゆだねていると解すべきことは，当裁判所の判例とするところである」からには，上告の制限が憲法32条に違反するものでないことは明らかである（最判平成13年2月13日判時1745号94頁）。

(6)　秋山幹男ほか『コンメンタール民事訴訟法Ⅵ』（日本評論社，2014年）266頁。

70

受理することができる」。民訴法 318 条によって，最高裁は，法令の解釈に関する重要な事項を含むものと認められる事件について，申立てにより上告審として事件を受理することができる[7]。本条は，最高裁に法令解釈統一の途を開いた。上告受理申立制度は，最高裁による法解釈適用の統一を目的とするものである。

　この申立てに基づいて受理の決定がなされたときは上告があったものと擬制され（同条 4 項），同条 3 項に基づいて受理決定にあたって重要でないものとして排除された理由以外の上告受理申立ての理由は上告理由とみなされ，その後は上告の手続きによる。

　上告受理の申立てに該当する理由が主張されている限り，その上告受理の申立ては適法であるが，民訴法 318 条 1 項の規定上，最高裁が受理を義務づけられているわけではない。上告受理の申立てに理由があるかどうかの判断は，最高裁の専権に属する[8]。不受理決

---

(7)　立法の趣旨は，「原判決に最高裁判所の判例（これがない場合にあっては，大審院又は上告裁判所若しくは控訴裁判所である高等裁判所の判例）と相反する判断がある事件」は「法令の解釈に関する重要な事項を含むものと認められる事件」の例示である，とされる（高田ほか編・前掲注(4) 315 頁［勅使川原和彦執筆］，秋山ほか・前掲注(6)357 頁）。憲法判断をした最高裁判例と相反する原判決は，憲法違反として上告理由となり，上告受理申立ての理由とはならない（民訴 318 条 2 項）。

(8)　最決平成 11 年 3 月 9 日判時 1672 号 67 頁「本件は，……抗告人が上告受理の申立てをしたところ，原審が，当該事件が民訴法 318 条 1 項の事件に当たらないことを理由に，右申立てを却下する旨の決定をしたため，抗告人が右決定に対して抗告をした事件である。職権で検討すると，上告受理の申立てに係る事件が同項の事件に当たるか否かは，上告裁判所である最高裁判所のみが判断し得る事項であり，原裁判所は，当該事件が同項の事件に当たらないことを理由として，同条 5 項，同法 316 条 1 項により，

I 客観訴訟制度の実践的意義

定に対して不服申立ては認められず，最高裁は，受理又は不受理について最終判断権を有する[9]。受理・不受理の決定は最高裁として当該法令解釈統一の必要性があるか否かによる。

(2)　上告裁判所が原判決を取り消すことを破棄という（民訴325条・326条）。憲法違反および絶対的上告理由が認められるときには，最高裁は原判決を破棄しなければならない（民訴325条1項）。上告に即して，民訴法325条2項は「上告裁判所である最高裁判所は，第312条第1項又は第2項に規定する事由がない場合であっても，判決に影響を及ぼすことが明らかな法令の違反があるときは，原判決を破棄し，次条の場合を除き，事件を原裁判所に差し戻し，又はこれと同等の他の裁判所に移送することができる」旨を定める。

最高裁は，上告理由にかかわりなく，判決に影響を及ぼすことが明らかな法令の違反があるときは，民訴法325条2項により，原判決を職権で破棄することができる。最高裁は，上告理由に拘束されることなく，当該法令違反をみつけたときに，原判決を破棄する権限を認められている。

同条同項に基づいて，上告受理申立てにより，受理決定がなされた事件について，判決に影響を及ぼすことが明らかな法令違反を認めるときは，最高裁は原判決を破棄することになる。上告受理申立

　決定で当該上告受理の申立てを却下することはできないと解すべきである」。同旨，最決平成14年10月30日裁時1327号1頁。
(9)　ただし，当事者に申立権が認められているので，必ず申立てに対して応答をしなければならない。

72

理由以外の判決に影響を及ぼすことが明らかな法令の違反を発見したときは，同条同項に拠って，最高裁は原判決を職権で破棄し得る。

そうであれば，原判決に，上告理由・上告受理申立理由にかかわりなく，判決に影響を及ぼすことが明らかな法令違反が存するか否かの調査権限を最高裁は有する[10]。最高裁は，職権を行使して，当該法令違反を調査し，当該法令違反を理由として原判決を破棄し得る。

また，民訴法320条は，上告裁判所の調査について規定する。上告裁判所は，上告の理由に基づき，不服の申立てがあった限度においてのみ調査義務を負う。上告受理申立てが受理され上告があったものとみなされた場合においても，本条の適用がある（民訴318条4項後段）。

民訴法320条所定の調査によって，最高裁は，主張された上告理由にない同法312条1項・2項に規定される事由をみつけた場合には，同法325条1項に基づいて原判決を破棄することになろう。調査のなかで，判決に影響を及ぼすことが明らかな法令の違反を発見したときは，同法325条2項に基づいて，職権で，原判決を破棄することができる。上告受理申立てが受理され上告があったものとみなされた場合の調査においても同様である。上告受理申立理由の調査において，同法312条1項・2項に規定される破棄事由が判明する場合もある。上告受理申立理由以外の判決に影響を及ぼすことが

---

(10) 富越和厚「最高裁判所における新民事訴訟法の運用」法の支配116号（2000年）48頁。

I 客観訴訟制度の実践的意義

明らかな法令の違反をみつけることもある。

最高裁は，職権を行使して，上告理由・上告受理申立理由にかかわらず，判決に影響を及ぼすことが明らかな法令違反を調査し，当該法令違反を理由として原判決を破棄し得るとしても，当該法令違反の調査権限の行使が義務的であり得るのか，当該法令違反が判明したとして，最高裁は，それを取り上げて必ず審判の対象としなければならないのか，当該法令違反を必要的に破棄すべきなのか，現行法上明確ではなく，現行にあって最高裁の職権行使は裁量的である。したがって，現行の上告制度においては，上告棄却とする判決の場合に，主張された上告理由・上告受理申立理由に破棄事由がなかったことは分かるとして，最高裁が，主張された理由以外の判決に影響を及ぼすことが明らかな法令違反を調査するために職権を行使したのか，当該法令違反を発見したとして，審判の対象とした上で，原判決を破棄しないとする判断をした結果であるのか否かを知ることはできない。

また，上告が不適法とされれば，判決に影響を及ぼすべき法令違反の有無は調査されない。上告受理申立てが民訴法318条1項の事件に当たらなければ，最高裁は不受理決定をすることになるが，その際，上告受理申立ての理由で指摘されていること以外に重要な法律問題があり，それが判決に影響する場合であっても，それらを自ら取り上げて審理することはできない。

(3) 上告審は，法律審であることから，原判決において適法に確定した事実は上告裁判所を拘束する（民訴321条1項）。事実審の扱

74

第 3 章　客観訴訟と上告制度

う事実問題は事実の存否を確定する問題であり，法律審の扱う法律
問題は事実審の確定した事実の法的評価と法令適用問題である。上
告裁判所は，確定した事実を前提に，当事者の主張する上告理由・
上告受理申立理由を審理・判断する。最高裁は，当事者が主張して
いない法令違反の調査権限を有するとしても，確定した事実に基づ
いて行使する。当事者は，原裁判所の事実認定の当否に触れる主張
をし，新しい事実と証拠を提出することはできない。しかし，上告
裁判所が拘束されるのは適法に確定された事実であるから，原裁判
所が事実を確定するため用いた方法と手続に違法な点があれば，上
告裁判所はこの確定事実に拘束されない。当事者も当該違法を上告
理由または上告受理申立理由として原裁判所の確定した事実を争う
ことができる。ただし，法は，事実認定を事実審の裁判官の自由心
証に任せている（民訴 247 条）ことから，自由心証主義の内在的制
限を逸脱した違法のほか[11]，上告裁判所は原審の自由心証の内容に
立ち入って干渉することはできない。また，上告審は法律審である
から原則として事実認定のための証拠調べはできない。なお証拠調
べをして事実の認定をし直す必要があるときは，上告裁判所は，原
判決を破棄して，事件を原裁判所に差し戻す（民訴 325 条 1 項・2 項）。
上告審は自ら改めて事実を審理し自判することはできない（民訴
326 条 1 号参照）。事実審の違法な事実認定が，判決結果に影響する
ものである場合には，破棄差戻して，事実審の審理に委ねなければ

---

(11)　兼子一原著『条解民事訴訟法第 2 版』（弘文堂，2011 年）1382～1387
　　頁［竹下守夫執筆］。

75

Ⅰ　客観訴訟制度の実践的意義

ならない。

(4)　訴訟においては，訴訟要件の存否，強行規定の遵守の有無等のように，当事者の処分を原則として認めない公益的な事項がある。このような事項を裁判所の職権調査事項として，民訴法322条は，320条所定の調査の範囲及び321条の規定する原判決の確定した事実の拘束の適用を除外している。職権調査事項については，当事者の不服申立ての有無にかかわらず，裁判所は職権で調査しなければならず，上告裁判所は，原判決の法律判断のみならず，事実認定にも拘束されない。職権調査事項について，上告審は自ら事実審理をすることができる。当事者の申立てにより証拠調べをすることも許される。職権調査事項に関しては，当事者は上告審でも新たな事実の主張・立証が許される。職権調査事項のうち特に強度の公益性を有するものについては職権探知主義が採られる。職権探知主義が採られる事項については，上告裁判所は，自ら判断資料を収集し職権で証拠調べの上，新たな事実を認定して審理することができる。上告裁判所は，職権調査事項については，例外的に証拠調べが許されるが，この場合にも原審にさらに証拠調べをさせることを適当と認めるときは，原判決を破棄して事件を原裁判所に差し戻すこともできる（民訴325条1項・2項）。

(5)　職権調査事項に関する事実について調査をしている過程で，職権調査事項ではない判決に影響を及ぼすことが明らかな他の法令違反にかかる事実をみつけることがあり得る。最高裁は，その場合，原判決を職権破棄することが可能である（民訴325条2項）。

第 3 章　客観訴訟と上告制度

　職権調査事項とは，その事項の公益性から当事者の主張の有無に
左右されることは適切ではなく，裁判所が自らの職責として職権で
調査すべき事項であるとされるものであり，そうであるというなら
ば，上告裁判所の自らの職責として，原判決に存する法令違反の調
査も民訴法 322 条所定の職権調査事項に含まれ得るとする見解があ
る[12]。その調査において，特に公益性の高いものについては，職権
探知を執ることが可能とされよう。

　(6)　現行の民訴法上の上告制度に拠れば，最高裁は，職権を行使
して，上告理由・上告受理申立理由にかかわらず，判決に影響を及
ぼすことが明らかな法令違反を調査し，当該法令違反を理由として
原判決を破棄し得るとしても，当該法令違反の調査権限の行使が義
務的であり得るのか，当該法令違反が判明したとして，最高裁は，
それを取り上げて必ず審判の対象としなければならないのか，当該
法令違反を必要的に破棄すべきなのか，現行法上明確ではなく，現
行にあって最高裁の職権行使は裁量的である。したがって，現行の
民訴法上の上告制度においては，上告棄却とする判決の場合に，主
張された上告理由・上告受理申立理由に破棄事由がなかったことは
分かるとして，最高裁が，主張された理由以外の判決に影響を及ぼ
すことが明らかな法令違反を調査するために職権を行使したのか，
当該法令違反を発見したとして，審判の対象とした上で，原判決を

───────────
(12)　高田ほか編・前掲注(4)345〜346 頁［加波眞一執筆］。確かに，原判決
　　に存する法定の上告理由（民訴 312 条 1 項・2 項）の存否を職権調査事項
　　とすることは合理的である。

77

I 客観訴訟制度の実践的意義

破棄しないとする判断をした結果であるのか否かを知ることはでき
ない。

3 砂川政教分離（空知太神社）最高裁大法廷判決
——職権による検討

（1） 本件砂川政教分離（空知太神社）訴訟は，砂川市（昭和33年
7月1日の市制施行前は北海道空知郡砂川町。以下，市制施行前の砂川
町を含めて「砂川市」という）が，その所有する土地上に神社の建物
等を設置することを許し，土地を同神社の敷地として無償で使用さ
せるなどしていることは，政教分離原則に違反する行為であって，
神社敷地として使用することを前提に土地を借り受けている本件町
内会に対して，当該使用貸借契約を解除し，神社建物等の撤去を請
求しないことは，違法に財産の管理を怠るものであるとして，砂川
市の住民である原告ら（被控訴人・被上告人）が砂川市長である被
告（控訴人・上告人）に対し，地方自治法（以下「地自法」という）
242条の2第1項3号に基づき上記怠る事実の違法確認を求めた住
民訴訟である。

本件の最高裁大法廷判決[13]について，清野正彦＝最高裁調査官
は，つぎの2点において，極めて重要な意義を有すると解説してい
る[14]。

---

(13) 最大判平成22年1月20日民集64巻1号1頁。

(14) 清野正彦＝最高裁判所調査官「判解」ジュリ1399号（2010年）89頁。

78

第 3 章　客観訴訟と上告制度

　「①公有地を無償で宗教的施設の敷地としての利用に供する行為の
憲法適合性の判断において考慮すべき事情や判断手法について一般
的な説示をした上，本件利用提供行為を違憲と判断したこと，②本
件利用提供行為の違憲性を解消するための他の手段の存否等につい
て更に審理を尽くさせるため職権で原判決を破棄し原審に差し戻し
たこと」。

　(2)　1 審[15]，原審[16]とも，本件利用提供行為は政教分離原則に違
反するとして，砂川市長が本件町内会に対し本件神社物件の収去を

---

[15]　札幌地判平成 18 年 3 月 3 日民集 64 巻 1 号 89 頁「砂川市が，本件施
　　設に関して行った行為，すなわち，砂川市の所有する本件土地を，空知太
　　連合町内会に対し，同連合町内会との間の使用貸借契約に基づいて使用さ
　　せ，本件土地上に本件施設を所有させている行為は，本件施設が宗教施設
　　である点において，特定の宗教を援助，助長，促進するものであり，宗教
　　とのかかわり合いの程度が，わが国の社会的，文化的諸条件に照らし，信
　　教の自由の保障の確保という政教分離の制度の根本目的との関係で相当と
　　される限度を超え，憲法 20 条 3 項にいう宗教活動に当たり，また，宗教
　　的施設を維持するために，地方公共団体の財産を供するもので憲法 89 条
　　に反するものというべきである」。「砂川市の上記行為は，上記使用貸借契
　　約を解除しなければ是正されないものではなく，憲法に定める政教分離原
　　則に照らし，上記のように宗教施設性を有する本件建物における外壁の表
　　示及び本件祠並びに本件鳥居及び本件地神宮を収去させることによって憲
　　法違反の状態が解消され得るというべきであり，これを他面からいうと，
　　砂川市が上記各収去を空知太連合町内会に請求しないことは，その所有す
　　る財産である本件両土地の管理を怠るものというべきである」。
[16]　札幌高判平成 19 年 6 月 26 日民集 64 巻 1 号 119 頁「砂川市長である
　　控訴人には，空知太連合町内会に対し，本件建物の外壁の表示及び本件祠，
　　本件鳥居並びに本件地神宮の収去を請求しない点において，憲法 20 条 3
　　項に規定される政教分離原則に違反するとともに，憲法 20 条 1 項後段，
　　89 条に規定する政教分離原則の精神に反し，違法にその財産管理を怠る事
　　実があるというべきである」。

I 客観訴訟制度の実践的意義

請求することを怠る事実が違法であることを確認する限度で，住民らの請求を認容すべきものと判断した。

　砂川市長からの上告は，大法廷に回付された。上告理由の論旨は，本件神社物件の宗教性は希薄であり，砂川市が本件土地を取得したのは宗教的目的に基づくものではなく[17]，本件利用提供行為は政教分離原則を定めた憲法の規定に違反するものではない，というものである。最高裁は，この主張を，社会通念に照らして総合的に判断すると，本件利用提供行為は，市と本件神社ないし神道とのかかわり合いが，わが国の社会的，文化的諸条件に照らし，信教の自由の保障の確保という制度の根本目的との関係で相当とされる限度を超えるものとして，憲法89条の禁止する公の財産の利用提供に当たり，ひいては憲法20条1項後段の禁止する宗教団体に対する特権の付与にも該当するとして[18]，また，本件利用提供行為に至った事

---

(17)　この点については，本件差戻上告審（最判平成24年2月16日民集66巻2号673頁）が，「本件神社物件の前身である施設は本件土地……が市制施行前の町有地となる前から上記各土地上に存在しており，上記各土地が町有地となったのも，小学校敷地の拡張に協力した用地提供者に報いるという世俗的，公共的な目的によるものであって，本件神社を特別に保護，援助するという目的によるものではなかったといえる」と認定している。

(18)　「なお，Xら（砂川市の住民である原告ら…筆者注）の主張は，明示的には，本件利用提供行為が憲法20条3項，89条に違反するというものであったが，その主張は，要するに本件利用提供行為が憲法の定める政教分離原則に違反するとの趣旨と理解することができるものあるから，本判決が憲法20条1項後段違反にまで言及したことに，弁論主義違反等の違法は存在しないというべきであろう」（清野正彦「判解」曹時63巻8号（2011年）196頁（注24））。

80

第3章　客観訴訟と上告制度

情は，それが違憲であることを否定するような事情として評価することまではできないとして，採用しなかった。

　上告人が主張する上告理由は斥けられた。したがって，最高裁は，上告棄却の判決をすることが可能であった。上告棄却であれば，本件町内会に対し本件神社物件の収去を請求することを怠る事実が違法であることを確認する限度で住民らの請求を認容すべきものとした原審判決が確定した。

　本件上告審は，結論において破棄差戻しとなった。原判決を職権で破棄し，本件利用提供行為の違憲性を解消するための他の手段の存否等についてさらに審理を尽くさせるため，本件を原審に差し戻すこととする，との判決であった。

　「違憲状態の解消には，神社施設を撤去し土地を明け渡す以外にも適切な手段があり得るというべきである。……本件土地……の全部又は一部を譲与し，有償で譲渡し，又は適正な時価で貸し付ける等の方法によっても上記の違憲性を解消することができる。そして，上告人には，本件各土地，本件建物及び本件神社物件の現況，違憲性を解消するための措置が利用者に与える影響，関係者の意向，実行の難易等，諸般の事情を考慮に入れて，相当と認められる方法を選択する裁量権があると解される。……上告人において他に選択することのできる合理的で現実的な手段が存在する場合には，上告人が本件神社物件の撤去及び土地明渡請求という手段を講じていないことは，財産管理上直ちに違法との評価を受けるものではない。すなわち，それが違法とされるのは，上記のような他の手段の存在を考慮しても，なお上告人において上記撤去及び土地明渡請求をしないことが上告人の財産管理上の裁量権を逸脱又は濫用するものと評

81

Ⅰ　客観訴訟制度の実践的意義

価される場合に限られるものと解するのが相当である。」(19)

　最高裁は，原審が上告人において本件神社物件の撤去及び土地明
渡請求をすることを怠る事実を違法と判断する以上は，原審におい
て，本件利用提供行為の違憲性を解消するための他の合理的で現実
的な手段が存在するか否かについて適切に審理判断するか，当事者
に対して釈明権を行使する必要があったというべきである，と説示
する。最高裁は，法律審でありながら，「当事者は，……本件利用
提供行為の違憲性を解消するための他の手段が存在するか否かに関
する主張をしておらず，原審も当事者に対してそのような手段の有
無に関し釈明権を行使した形跡はうかがわれない」事実を認定した
上で，原審の釈明権不行使・審理不尽の違法性について，以下のよ
うに職権で検討している。

_____

(19)　砂川市長が控訴人である差戻控訴審（札幌高判平成22年12月6日民
　　集66巻2号702頁）及び住民らが上告した差戻上告審・前掲注(17)では，
　　氏子集団による神社施設の一部の移設や撤去等と併せて市が市有地の一部
　　を氏子集団の氏子総代長に適正な賃料で賃貸することが，本件利用提供行
　　為の違憲性を解消する手段として上告審の趣旨に沿う合理的で現実的なも
　　のであるか否かということが争点となった。上告人は，本件手段の実施は，
　　その直接の効果として本件氏子集団が本件祠及び本件鳥居を利用した宗教
　　的活動を行うことを容易にするものであるから，その効果は本件利用提供
　　行為の違憲性と全く異ならない旨を主張した。最高裁は，差戻控訴審の判
　　決「控訴人が提案する手段は，本件利用提供行為の違憲性を解消する手段
　　として合理的で現実的なものであるということができ，かかる手段を控訴
　　人が提案している以上，控訴人において本件神社物件の撤去及び土地明渡
　　しを請求しないことを，控訴人の財産管理上の裁量権を逸脱又は濫用する
　　ものと評価することはできない」を認容して，上告を棄却した。

第3章　客観訴訟と上告制度

「本件利用提供行為の違憲性を解消するための他の手段があり得る
ことは，当事者の主張の有無にかかわらず明らかというべきである。
また，原審は，本件と併行して，本件と当事者がほぼ共通する市内
の別の神社（富平神社）をめぐる住民訴訟を審理しており，同訴訟
においては，市有地上に神社施設が存在する状態を解消するため，
市が，神社敷地として無償で使用させていた市有地を町内会に譲与
したことの憲法適合性が争われていたところ，第1，2審とも，それ
を合憲と判断し，当裁判所もそれを合憲と判断するものである（最
高裁平成19年（行ツ）第334号）。原審は，上記訴訟の審理を通じ
て，本件においてもそのような他の手段が存在する可能性があり，
上告人がこうした手段を講ずる場合があることを職務上知っていた
ものである。……原審が，この点につき何ら審理判断せず，上記釈
明権を行使することもないまま，上記の怠る事実を違法と判断した
ことには，怠る事実の適否に関する審理を尽くさなかった結果，法
令の解釈適用を誤ったか，釈明権の行使を怠った違法があるものと
いうほかない。」[20]

　最高裁は，上告人が主張していない法令違反に基づいて，原判決
を職権で破棄したのである。

　上告人の主張には破棄事由がなかった。上告棄却が判決されれば，

---

(20)　本件と同日に言い渡された砂川政教分離（富平神社）訴訟上告審判決
　　（最大判平成22年1月20日民集64巻1号128頁）の原審は札幌高判平成
　　19年8月30日民集64巻1号213頁である。第1審は札幌地判平成18年
　　11月30日民集64巻1号183頁である。砂川政教分離（富平神社）訴訟は，
　　砂川市が神社の敷地となっている市有地を富平町内会に無償で譲与したこ
　　とは，憲法の定める政教分離原則に違反する無効な行為であって，同土地
　　の所有権移転登記の抹消登記手続を請求しないことが，違法に財産の管理
　　を怠るものであるとして，市の住民である原告（控訴人・上告人）が，被
　　告（被控訴人・被上告人）である砂川市長に対し，地自法242条の2第1
　　項3号に基づき上記怠る事実の違法確認を求めた事案である。

83

I 客観訴訟制度の実践的意義

本件町内会に対し本件神社物件の収去を請求することを怠る事実が
違法であることを確認する限度で住民らの請求を認容すべきものと
した原審判決が確定した。しかし，最高裁は，上告人が主張してい
ない法令違反を理由として原審判決を職権で破棄した。その理由と
して，最高裁は，「上告人において直接的な手段に訴えて直ちに本
件神社物件を撤去させるべきものとすることは，神社敷地として使
用することを前提に土地を借り受けている本件町内会の信頼を害す
るのみならず，地域住民らによって守り伝えられてきた宗教的活動
を著しく困難なものにし，氏子集団の構成員の信教の自由に重大な
不利益を及ぼすものとなることは自明であるといわざるを得ない」
と説示する[21][22]。本件町内会の信頼について，本件控訴審[23]によ

---

(21) 清野・前掲注(18)185頁は，この判示に関して，「本件においては，本
件町内会が訴訟告知も受けておらず参加もしていないところ，このように
本件神社物件の所有者である本件町内会が関与することのないまま審理さ
れた本件訴訟において，その撤去土地明渡請求をすべきものと判断するの
であれば，その財産権や本件氏子集団の構成員の信教の自由にそれなりの
配慮がされてしかるべきものと考えられる」と解説している。確かに，「判
決の対世効は，第三者にとっては，有利とも不利ともなる。訴訟に参加し
ない第三者に判決効を及ぼすことについて，訴訟手続において十分に配慮
されなければならない」（山岸敬子『客観訴訟の法理』（勁草書房，2004
年）41頁）。

(22) 砂川政教分離（富平神社）訴訟上告審判決・前掲注(20)においても，
最高裁は，「仮に市が本件神社との関係を解消するために本件神社施設を
撤去させることを図るとすれば，本件各土地の寄附後も上記地域住民の集
団によって守り伝えられてきた宗教的活動を著しく困難なものにし，その
信教の自由に重大な不利益を及ぼすことになる」と説いている。

(23) 本件控訴審・前掲注(16)。

第3章　客観訴訟と上告制度

れば，砂川市長は，砂川市による小学校の増設と体育館の新設に伴い，無償で自己所有地に本件祠を移設することを申し出た提供者に，その後，固定資産税等の負担をもたらすことが明らかになったことから，このような事態を解消するため，提供者から本件土地の寄付を受けたものであり，この経緯が無視されると，円滑，迅速な行政活動が阻害され，地域住民の利益が害される，と主張している。しかし，氏子集団の構成員の信教の自由について砂川市長は主張していない。住民らも主張していない[24]。最高裁は，「氏子集団の構成員の信教の自由に重大な不利益を及ぼすものとなることは自明であるといわざるを得ない」として保護している。しかし，原告住民らの訴訟代理人弁護士であった中島光孝は，「必ずしも『自明』とはいえない」と反論する。「本件判決では，信教の自由が問題とされたのは『氏子集団の構成員』である。それがどのような実態をもったもので，どのような信教の自由を主張するものか，まったく不明である」[25]。確かに，藤田宙靖裁判官の補足意見によれば，「本件氏子集団の役員らはいずれも仏教徒であることが認定されている」[26]。

───────────

(24)　原告住民らの訴訟代理人弁護士であった中島光孝が「本件では，原告住民も砂川市長側も，『氏子集団の構成員の信教の自由』を主張していない」と証言している（中島光孝「砂川政教分離住民訴訟の違憲判決の問題点」法民446号（2010年）77頁）。

(25)　中島・前掲注(24)77頁。

(26)　最高裁は，本件差戻上告審・前掲注(17)においても，「本件神社物件を全て直ちに撤去させるべきものとすることは，本件氏子集団がこれを利用してごく平穏な態様で行ってきた祭事等の宗教的活動の継続を著しく困難なものにし，その構成員の信教の自由に重大な不利益を及ぼすことが明

85

I 客観訴訟制度の実践的意義

　最高裁は，本件において，当事者が主張していない法令違反を理
由として，当事者が主張していない利益を保護している。

4　客観訴訟と公益保護のための上告制度

　(1)　本件砂川政教分離（空知太神社）訴訟は地自法242条の2第
1項3号に基づく怠る事実の違法確認の請求にかかる住民訴訟であ
る。地自法242条の2が定める住民訴訟は，行訴法5条所定の民衆
訴訟であり，同法42条に拠り「法律に定める場合において，法律
に定める者に限り，提起することができる」。住民訴訟は，地方公
共団体の財務行政の適正な運営の確保を図る制度であり，当該地方
公共団体の住民であって，住民監査請求（自治242条）を経た者で
あれば誰でも，当該地方公共団体の財務会計上の法規に適合しない
行為の是正を求めて，自己の法律上の利益とかかわりなく，「いわ
ば公益の代表者として」[27]提訴することができる。住民訴訟は，私
人の個人的な利益救済ということとは無関係に，行政活動の適法性
の維持を目的として定められた客観訴訟制度である。

　現行において，行訴法所定の客観訴訟である民衆訴訟（行訴5
条）・機関訴訟（行訴6条）の審理手続は，民事訴訟の例によって，
当事者主義を採る。民衆訴訟・機関訴訟の手続きは，行訴法43条

　らかである」と繰り返している。
(27)　最判昭和53年3月30日民集32巻2号485頁。参照，最大判平成9
　　年4月2日民集51巻4号1673頁。

86

第 3 章　客観訴訟と上告制度

に定める抗告訴訟又は当事者訴訟に関する規定の準用によるほか，同法 7 条に基づく。行訴法 7 条は，「行政事件訴訟に関し，この法律に定めがない事項については，民事訴訟の例による」と規定する。

　本件の住民訴訟の審理手続として，当事者主義が適用される。今井功裁判官は，本件上告審判決の反対意見において，「他の手段が存在することは，原審裁判所が知っている以上に，ほかならぬ上告人自身が知っていたものであり，上告人がこのことを主張しようとすればその旨の主張をすることに何の障害もなかったことは明らかであるにもかかわらず，上告人はそのことを主張していないのである。また，上告理由書においても，その点について何らの言及もない。このような場合にまで上記のような抗弁を主張するか否かを釈明すべき義務があるとするのは，当事者主義に立つ訴訟の原則から見て，採用し難い見解である」[(28)]という[(29)]。

　確かに，裁判所が，釈明権を行使すべきであるにもかかわらず，それを怠るときには，釈明義務違反として，最高裁に対する上告受理申立ての理由となり得る（民訴 318 条 1 項）[(30)]。しかしながら，当

---

(28)　今井功裁判官は，「他に違憲状態を解消する合理的で現実的な手段が存在することは，請求を阻却する事由として，被告である上告人において主張立証すべき抗弁であると解するのが相当である」として，「抗弁については，被告の主張がなければ，斟酌することができないというのは弁論主義の当然の帰結である」と結ぶ。

(29)　原審の釈明権不行使を当事者の主張なく破棄事由として認めることについて，最判昭和 51 年 6 月 17 日民集 30 巻 6 号 592 頁における藤林益三裁判官（反対意見）と岸上康夫裁判官（補足意見）の議論参照。

(30)　高等裁判所にする上告の理由ともなり得る（民訴 312 条 3 項）。

87

Ⅰ　客観訴訟制度の実践的意義

事者主義に基づく弁論主義の下では，適切な申立てや主張をなさな
かった当事者が，釈明権不行使の違法を主張することが訴訟上の信
義則に反しない場合に，はじめて釈明義務違反が肯定される[31][32]。

　本件では，当事者は，原審の釈明義務違反の申立てをしていない。
最高裁は，本件利用提供行為の違憲性を解消するための他の手段の
存否等について原審には釈明義務があると法的に評価し[33]，原審の

---

(31)　伊藤眞『民事訴訟法［第 6 版］』（有斐閣，2018 年）321～322 頁。同
　　旨の伝統的見解として，三ケ月章『民事訴訟法　法律学全集 35』（有斐閣，
　　1959 年）164 頁「当事者が裁判所に依存しながらそのことを棚に上げて釈
　　明権（釈明義務）不行使の違法を主張すれば，常に上告理由となるという
　　のは不当である。釈明義務不履行として上告審が破棄しうる限度は，具体
　　的事案に照して不行使のまま裁判することが公平を欠き，訴訟制度の理念
　　に反すると認められる場合に限らるべきは当然である」。

(32)　釈明に関する裁判例について，竹下守夫＝伊藤眞編『注釈民事訴訟法
　　(3)』（有斐閣，1993 年）120 頁以下［松本博之執筆］，秋山幹男ほか『コン
　　メンタール民事訴訟法Ⅲ第 2 版』（日本評論社，2018 年）309 頁以下参照。
　　現行法下で上告受理申立てが認められ，釈明権の行使を怠った違法がある
　　とされた事例として，最判平成 17 年 7 月 14 日判時 1911 号 102 頁，最判
　　平成 22 年 10 月 14 日判時 2098 号 55 頁（法人である Y から定年により職
　　を解く旨の辞令を受けた職員である X が Y に対し雇用契約上の地位確認及
　　び賃金等の支払を求める訴訟において，控訴審が，X，Y ともに主張して
　　いない法律構成である信義則違反の点について X に主張するか否かを明ら
　　かにするよう促すとともに Y に十分な反論及び反証の機会を与える措置を
　　とることなく，Y は定年退職の告知の時から 1 年を経過するまでは賃金支
　　払義務との関係では信義則上定年規程による定年退職の効果を主張するこ
　　とができないと判断したことに釈明権の行使を怠った違法があるとされた
　　事例）。

(33)　本件利用提供行為の違憲性を解消するには神社施設を撤去し土地を明
　　け渡す以外にも他の合理的で現実的な手段があること，上告人がそのこと
　　を主張・立証すべきことに気づいていないこと。

具体的な訴訟進行の過程において当該釈明権の行使があったか否かの事実を，職権証拠調べの上，「行使した形跡はうかがわれない」と認定している[34]。法は，何故に，そのような職権行使の権限を法律審としての最高裁に認めるのであろうか。当該職権の行使は，一方の当事者である上告人の利益となるのではないか[35]。

さらに，職権破棄事由とした本件釈明義務不履行は，具体的事案に照らして当該釈明権を不行使のまま裁判することが公平を欠き，訴訟制度の理念に反すると認められた場合といえるのだろうか。事件の具体的審理において，釈明権を行使するか否かは，原審の裁判官の自由心証にかかわることではないのだろうか。釈明義務違反の有無・釈明権不行使の適否は事案の個別性・具体的な審理状況など個別の事情によるものである。釈明は，基本的に，裁判官の裁量に委ねられる。その裁量性は，憲法76条3項に支えられている。そうであるとして，本件釈明権不行使は，自由心証主義の限界を超え

---

(34) 原告側の弁護士は，この認定に対して，興味深い発言をしている。「高裁では第2回の弁論で裁判所は進行協議を提案。進行協議中で高裁は原審の判断を基本的に支持できる旨の発言，高裁の結審まで砂川市側の改善案を提案してほしいと要望した。……進行協議手続で高裁は改善方法についての釈明権を行使したが，最高裁は，協議内容が記録に記載されていないため不十分と判断したようで，このことが高裁への差し戻しの理由になっているのは残念なことである」（石田明義「最高裁判決2010――弁護士が語る(上)北海道砂川市・空知太神社政教分離住民訴訟」法セミ673号（2011年）32頁）。

(35) 被上告人側の反発を伝えるものとして，中島・前掲注(24)75頁以下及び石田・前掲注(34)30頁以下参照。

I　客観訴訟制度の実践的意義

るとされ，釈明義務違反として違法とされた[36]。

　最高裁は，本件において，当事者が主張していない法令違反を理由として原判決を職権で破棄し，3で指摘したように，当事者が主張していない利益を保護している。

　法令の解釈適用については，裁判所が責任を負い，法規に関しては，弁論主義の適用がない[37]としても，上告審としての最高裁による本件職権破棄の権限行使は，当事者主義に基づく権利救済のための司法手続とは異質のものである。清野・注(14)88〜89頁は，「本判決は，……立証責任の帰属のいかんによって結論が左右されることは望ましくないという姿勢の表れであるようにも思われる」と解く。

　本件砂川政教分離（空知太神社）訴訟は，客観訴訟である。客観訴訟は，客観的な法秩序を維持するための訴訟である。客観的法秩序は，直接の訴訟当事者による弁論主義の帰趨に馴染むものではない[38]。客観訴訟の確定判決は，客観的な適法性の確定でなければならない。

　(2)　確かに，現行の民訴法上の上告制度に拠れば，最高裁は，職

---

(36)　本件上告審判決を素材として，裁判官の釈明義務について検討する論考として，藤原淳一郎「住民訴訟の審理に関する一考察──砂川政教分離最高裁判決を中心として──」法研84巻2号（2011年）503頁以下，林道晴「抜本的な紛争解決と釈明」伊藤眞先生古稀祝賀論文集『民事手続の現代的使命』（有斐閣，2015年）509頁以下等。

(37)　伊藤・前掲注(31)314頁。

(38)　このことについて，詳しくは，山岸敬子「釈明権・職権証拠調べ・職権探知」山岸・前掲注(21)219〜244頁参照。

第3章 客観訴訟と上告制度

権を行使して，上告理由・上告受理申立理由にかかわらず，判決に影響を及ぼすことが明らかな法令違反を調査し，当該法令違反を理由として原判決を破棄し得る。しかしながら，当該法令違反の調査権限の行使が義務的であり得るのか，当該法令違反が判明したとして，最高裁は，それを取り上げて必ず審判の対象としなければならないのか，当該法令違反を必要的に破棄すべきなのか，現行法上明確ではなく，現行にあって最高裁の職権行使は裁量的である。したがって，現行の民訴法上の上告制度においては，上告棄却とする判決の場合に，主張された上告理由・上告受理申立理由に破棄事由がなかったことは分かるとして，最高裁が，主張された理由以外の判決に影響を及ぼすことが明らかな法令違反を調査するために職権を行使したのか，当該法令違反を発見したとして，審判の対象とした上で，原判決を破棄しないとする判断をした結果であるのか否かを知ることはできない。

客観訴訟については，上告（みなし上告を含む）された原判決に，判決に影響を及ぼすことが明らかな法令違反が存するならば，必ず破棄されなければならない。客観訴訟の上告審は，当事者の主張にかかわらず，原判決に存する法令違反を義務的に調査すべきである。最高裁が気づき得るものに限定されるとしても，その調査を裁量的にではなく義務的にすべきである。この調査によって，民訴法325条2項所定の法令違反のみならず，上告人が主張していない同法312条1項・2項また同法318条1項の違反も判明しよう。

判決に影響を及ぼすことが明らかな法令違反の有無の調査のため

91

Ⅰ　客観訴訟制度の実践的意義

に，客観訴訟の上告審たる最高裁は，必要ならば，新たな事実の認定も，そのための職権証拠調べも認められるべきである。「判決に影響を及ぼすことが明らかな法令の違反がある」（民訴 325 条 2 項）との心証を得なければ，原判決を職権で破棄することはできない[39]。

　客観的な適法性の確定を図る客観訴訟の最終の法律審として，最高裁には，判決に影響を及ぼすことが明らかな法令違反の存する原判決を職権破棄するために，必要ならば，新たな事実についても審理し，自らその事実を支える職権証拠調べをする権限が許容されよう[40]。2(5)で述べたように，上告裁判所の自らの職責として，原判

---

(39) 「法令違反の存在が認められる可能性があれば，その点を指摘し，その存否を根拠づける事実の認定自体は実質的に原審に委ねるべく破棄差戻しをするという取扱いがされることがある」，しかし，「『法令違反の存在』を根拠づける事実が認められて初めて破棄事由ありと判断されるべきであり，その可能性・蓋然性を理由にするのみで，法令違反を根拠づける事実の存在を明確に認定することなく破棄を認めるのは，確定した事実に法を当てはめて（法的）判断を下すという作業が成立しておらず」，その取扱いには問題がある（高田ほか編・前掲注(4)356 頁［加波眞一執筆]）。

(40) 本件上告審判決において田原睦夫裁判官は補足意見のなかで「行政事件訴訟法は，弁論主義とは本来相容れない職権証拠調べの規定（同法 24 条。同条は，同法 43 条 3 項，41 条 1 項により住民訴訟にも準用されている。）を定めているところ，同規定は，行政事件訴訟の判決が対世効を有すること等，行政事件訴訟の結果が公益に影響するところが少なくないという特質から，弁論主義に委ねたのでは裁判所が適切な判断をなすことが困難な場合に対応すべく，弁論主義を補完するものとして定められたものと解されている。……弁論主義の例外として位置づけられる職権証拠調べについての考え方は，直接の規定は存しないものの，主張責任についても妥当すると考えられる」と説く。

第 3 章　客観訴訟と上告制度

決に存する法令違反の調査も民訴法 322 条所定の職権調査事項に含
まれ得るとする見解がある。原判決に存する法令違反の調査におい
て，特に公益性の高いものについては，職権探知を執ることが可能
とされよう。客観的な適法性の確定を図る客観訴訟の最終の法律審
における，原判決に存する法令違反の調査の公益性は顕著である。

　本件では，最高裁は，本件利用提供行為の違憲性を解消するため
の他の手段の存否等について原審には釈明義務があると法的に評価
し，原審の具体的な訴訟進行の過程において当該釈明権の行使が
あったか否かの事実を，職権証拠調べの上，「行使した形跡はうか
がわれない」と認定している[41]。

　本件のように，当事者の主張のみを審理したならば上告棄却とな
り，職権で当事者が主張していない他の法令違反を調査したならば
原判決破棄となる結論は，客観訴訟の判決として受け入れ難い。

　客観訴訟における上告棄却の判決は，当事者の主張に破棄事由が
なかったことのみならず，当事者の主張していない法令違反も調査
して職権破棄事由もないとした結果でなければならない。そして，
応答義務[42]にかかわらず，そのことを判決に記載すべきである。
客観訴訟の判決は，客観的な適法性の確定であることを判決文から
知り得るべきである。

---

(41)　最高裁の当該職権行使の評価について，山岸敬子「判批」中京 45 巻
　　3 = 4 号（2011 年）103 頁以下参照。また，釈明権・職権証拠調べ・職権
　　探知について，山岸・前掲注(21)219 頁以下参照。
(42)　判決における応答義務は当事者によって申し立てられた理由に限られ
　　る。

Ⅰ　客観訴訟制度の実践的意義

(3)　公益保護のための上告制度であるならば，原審判決の確定を
受け入れ難い当事者以外の者による上告・上告受理申立てを認める
ことも立法政策として考え得る。最判昭和 53 年 3 月 30 日[43]は，
「住民訴訟の判決の効力が当事者のみにとどまらず全住民に及ぶと
解される」とする。訴訟の結果が広く住民全体の利害に繋がる住民
訴訟においては，原告でもない，訴訟参加もしていない，当該地方
公共団体の他の住民による上告・上告受理申立てを認めることも考
えられよう[44]。同様の問題をかかえ，波及効果の及ぶ他の地方公共
団体からの上告・上告受理申立てを受け入れることも考えられよう。
客観訴訟は，適正な法秩序の維持のために，それを乱す違法な行為
の是正を求めて，そもそも，誰でも提起することができるものであ
り，本来，出訴資格を特定の者に限る必要はない。客観訴訟を規定
する現行法上の出訴資格の絞りは，当該違反を是正し法秩序を回復
する機会に，誰を関与させることが最も適当か，という訴訟政策上
の観点に基づくものである[45]。

　確かに，判決書は当事者のみに送達され（民訴 255 条），上告期間
は判決書の送達を受けた日から 2 週間の不変期間内と短い（民訴
313 条・285 条）。地自法 96 条 1 項 12 号は，普通地方公共団体がそ

─────────

(43)　最判昭和 53 年 3 月 30 日・前掲注(27)。

(44)　当該住民には，住民監査請求前置を適用しない。そもそも，住民監査
　　請求前置は，公益の代表者として提訴される客観訴訟である住民訴訟の訴
　　訟要件（自治 242 条の 2 第 1 項）であり，事案が監査請求を経ていれば，
　　当該訴訟要件を充たすとする方が，合理的なのではないだろうか。

(45)　客観訴訟を提起する資格について，山岸・前掲注(21)38〜40 頁参照。

の当事者である訴えの提起には議会の議決を要するとも規定する。しかし，当事者に代わって上告・上告受理申立てをしようとする者であれば，当該裁判の進行にかかる関心は高い。

(4)　客観訴訟に対応する上告制度を整えることが必要である。当事者の救済のための手続法理と客観訴訟の手続法理は異なり得る。客観訴訟は，当事者の救済のための制度ではない。客観訴訟は適正な法秩序を回復するための訴訟である。客観訴訟は，公益のために提起されるものであり，その判決は公序性を有する。客観訴訟の確定判決は，客観的な法秩序の維持でなくてはならない。

先ず，現行の民事訴訟法に拠る職権破棄手続は，客観訴訟において，客観訴訟制度の目的に対応して運用されるべきである。客観訴訟の目的は，客観的な適法性の確定である。もとより，最高裁は，当事者の主張にかかわらず，判決に影響を及ぼすことが明らかな法令違反があるとき，原判決を職権で破棄できる，と法定されている（民訴 325 条 2 項）以上，当事者が主張している事由以外の法令違反を審理の過程で看過するはずがない。当該法令違反が判明した場合，当該法令違反を理由として原判決を職権で破棄することを躊躇するはずがない。

客観訴訟における上告審の職権破棄の権限は，公益のために行使される。一方当事者の有利・不利とは無関係である。裁判所が保護する利益は客観的な法秩序の維持という公益である。

本件に類似した国公有地上の神社施設は全国に相当数存在する。本件上告審判決の摘示によれば，「我が国においては，明治初期以

I　客観訴訟制度の実践的意義

来，一定の社寺領を国等に上知（上地）させ，官有地に編入し，又
は寄附により受け入れるなどの施策が広く採られたこともあって，
国公有地が無償で社寺等の敷地として供される事例が多数生じた。
このような事例については，戦後，国有地につき『社寺等に無償で
貸し付けてある国有財産の処分に関する法律』（昭和22年法律第53
号）が公布され，公有地についても同法と同様に譲与等の処分をす
べきものとする内務文部次官通牒が発出された上，これらによる譲
与の申請期間が経過した後も，譲与，売払い，貸付け等の措置が講
じられてきたが，それにもかかわらず，現在に至っても，なおその
ような措置を講ずることができないまま社寺等の敷地となっている
国公有地が相当数残存していることがうかがわれるところである」。
本件違憲判決は，至る所で困惑を与えよう[46]。本件利用提供行為の
違憲性を解消するための手段の探求にかかる公益性は顕著であ
る[47]。

---

(46)　「現に，この最高裁判決以後，全国各地で混乱が生じており，行政も
　　その対応に追われていると聞く」（百地章「砂川・空知太神社訴訟最高裁
　　判決の問題点」日法76巻2号（2010年）509頁）。清野・前掲注(18)195
　　頁（注18）によれば「本判決後，各自治体において調査したところ，本件
　　と類似する状況下で公有地上に神社等の宗教施設が存在していることが判
　　明したとの報道が多くされているところである」。

(47)　本件利用提供行為の違憲性を解消するための手段の探求について，本
　　件差戻控訴審の山岸敬子「判批」中京46巻3＝4号（2012年）119頁以下
　　参照。最高裁大法廷による本件破棄差戻判決は，通常は行政手続で行われ
　　る本件手段の選択を裁判手続に委ねた。本件差戻控訴審において，本件手
　　段の選択にかかる砂川市の裁量権が裁判所の監督下で行使された。本件差
　　戻控訴審は，裁判手続による行政・裁判所の行政監督を実践した行政作用

第3章　客観訴訟と上告制度

　最高裁は，上記の公益性をも考慮して[48]，上告理由にない，当事
者が主張していない法令違反を調査し，職権証拠調べの上，事実を
認定し，本件利用提供行為の違憲性を解消するために，神社施設を
撤去し土地を明け渡す以外の他の合理的で現実的な手段の存否等に
ついて，さらに原審で審理を尽くさせるべく，原判決を破棄する職
権を行使した。そのようにも理解し得る。

　(5)　最高裁による本件職権破棄にいたる権限行使は，当事者主義
に基づく権利救済のための司法手続とは異質のものである。清野・
注(18) 185頁は，つぎのように解説している。曰く，本件上告審判
決における職権主義の適用は，「本件が客観訴訟としての住民訴訟
であること」などが考慮された結果であり，「その判断の射程は決
して大きいものではない」と[49]。

　上告審理の手続きにおいて，職権行使を義務化することは，最高

たる客観訴訟である。

(48)　最判昭和49年4月9日判時740号42頁に説示されている「旧国有財
　　産法に基づく社寺等に対する国有境内地等の無償貸付関係は，……宗教団
　　体に対する特別の利益供与を禁止する日本国憲法の下において，これを持
　　続することは，不可能である。しかし，これを清算するにあたり，ただ単
　　にその消滅のみをはかるとすれば，……沿革的な理由から従来社寺等に認
　　められていた永久，無償の使用権をゆえなく奪うこととなり，財産権を保
　　障する日本国憲法の精神にも反する結果となるのみならず，その結果，社
　　寺等の宗教活動に支障を与え，その存立を危くすることにもなりかねない
　　のであるが，そのような結果は，実質的にみて特定宗教に対する不当な圧
　　迫であり，信教の自由を保障する日本国憲法の精神にも反するところであ
　　る」との考慮を参照。

(49)　このことについて，第1章29頁参照。

97

I 客観訴訟制度の実践的意義

裁の負担軽減の趣旨に反することなのではないか。最高裁による職権審理に期待して，とりあえず上告理由・上告受理申立理由を取り繕って申し立てる濫上告・濫上告受理申立てが多くなり，再び最高裁の負担加重になるのではないかとの懸念があり得よう。しかし，濫上告・濫上告受理申立てには，それに対応する制度が定められている（民訴 317 条 2 項・318 条 1 項）[50]。また，行訴法上の客観訴訟は例外的なものであり（行訴 42 条），その手続きの射程は限られている。

　客観訴訟と通常の民事訴訟とでは，上告手続における職権行使の要請は異なり得る。公益のための客観訴訟では，積極的な職権行使が許容される。

5　おわりに

　以上，客観訴訟に対応する公益保護のための上告制度を提案した。
　もとより，法律審である上告審の審理手続は，客観訴訟手続と親和する。
　進んで，客観訴訟については，現行法に拠る上告審理手続を，公益保護のための上告制度として運用することを司法権に期待したい。その運用は，わが国における客観訴訟手続形成のモデルとなる可能性を有する。

---

(50)　伊藤・前掲注(31)749 頁注 82) 参照。

第 3 章　客観訴訟と上告制度

客観訴訟には，その法理を踏まえた訴訟手続が求められる。

Ⅱ　市民の参政基盤としての客観訴訟制度

——公益の代表者としての提訴

第4章　訴権としての参政権

1　はじめに──本章の目的

　参政権とは，政治に，直接あるいは代表者を介して間接に参加する権利である。国民は，主権者として政治に参加する権利をもつ。国民が政治に参加する権利をもつことは，国民主権からの当然の帰結である。日本国憲法（以下「憲法」という）は，前文で，「そもそも国政は，国民の厳粛な信託によるものであつて，その権威は国民に由来し，その権力は国民の代表者がこれを行使し，その福利は国民がこれを享受する」と宣言する。

　国民の主権行使としての参政権の中心は選挙権である。憲法前文は，日本国民は，正当に選挙された「代表者を通じて行動」すると宣言している。選挙は，間接的政治参加であるが，直接的政治参加として，直接請求[1]および国民投票[2]・住民投票[3]がある。

---

(1)　地自法が直接請求制度を定める。条例の制定改廃請求（自治12条1項）・事務の監査請求（同条2項）・議会解散請求（自治13条1項）・解職請求（同条2項・3項）の四つである。また，市町村の合併の特例等に関する法律には合併協議会設置の請求の制度がある（市町村合併特4条1項）。

(2)　「日本国憲法の改正手続に関する法律」が，憲法96条1項の規定を受けて憲法改正のための国民投票について定めている。

(3)　憲法95条は，一の地方公共団体のみに適用される特別法に，かかる当該地方公共団体の住民投票を規定する。また，さまざまな地方公共団体で，特定の問題に関して，あるいは一般的な住民投票条例が存する。さらに，

103

II　市民の参政基盤としての客観訴訟制度

本章は，参政への司法的アプローチたる "訴権としての参政権" を認識し，その活用の進展を図ることを目的としている。訴権として行使される参政権は，選挙あるいは直接請求・国民投票・住民投票とは差異のある存在意義を有する。司法的アプローチは，投票・署名とは異なる実効力をもち得る。

参政への司法的アプローチは，直接民主主義[4]を志向するが，主権行使への主権者の直接参政のみに基づくものではない。"訴権としての参政権" は，公益のために，法律によって訴権を与えられた者が行使する（裁3条1項後段）。公選による議員や長を介さずして政治に直接に関与する制度[5]ではあるが，当該訴権は，主権者以外の者にも与えられ得る。

2　地方自治と "訴権としての参政権"

(1)　地方自治法（以下「地自法」という）242条の2は，地方公共団体の財務行政の適正な運営の確保を図って，住民訴訟制度を規定する。当該地方公共団体の財務会計上の法規に適合しない行為（公金の支出，財産の取得・管理・処分，契約の締結・履行，債務その他の

市町村の合併の特例等に関する法律が市町村合併にかかる住民投票制度を定めている（市町村合併特4条9項・10項・11項・14項・17項）。

(4)　典型的なものは，地自法94条に定められる町村総会である。「町村は，条例で，第89条の規定にかかわらず，議会を置かず，選挙権を有する者の総会を設けることができる」。

(5)　宇賀克也『地方自治法概説【第8版】』（有斐閣，2019年）351頁参照。

104

宇宙六法

青木節子・小塚荘一郎 編

リモセン法施行令まで含む国内法令、国際宇宙法、そして宇宙法の泰斗の翻訳による外国の宇宙法も収録した、最新法令集。

【本六法の特長】日本の宇宙進出のための法的ツールとして、以下の特長を備えている。(1) 宇宙法における非拘束的文書の重要性を踏まえ、国連決議等も収録。(2) 実務的な要請にも応え、日本の宇宙活動法と衛星リモセン法は施行規則まで収録。(3) アメリカ・フランス・ルクセンブルクの主要な宇宙法令も翻訳し収録。

A5変・並製・116頁
ISBN978-4-7972-7031-0 C0532
定価:本体 **1,600** 円+税

宅建ダイジェスト六法 2020

池田真朗 編

◇携帯して参照できるコンパクトさを追求した〈宅建〉試験用六法。
◇法律・条文とも厳選、本六法で試験範囲の9割近くをカバーできる！
◇受験者の能率的な過去問学習に、資格保有者の知識の確認とアップデートに。
◇2020年度版では法改正の反映はもちろん、今話題の所有者不明土地法も抄録。

A5変・並製・266頁
ISBN978-4-7972-6913-0 C3332
定価:本体 **1,750** 円+税

113-0033 東京都文京区本郷6-2-9-102 東大正門前
℡:03(3818)1019　FAX:03(3811)3580　E-mail: order@shinzansha.co.jp

信山社
http://www.shinzansha.co.jp

ヨーロッパ人権裁判所の判例 I

B5・並製・600頁　ISBN978-4-7972-5568-3　C3332

定価：本体 **9,800**円＋税

戸波江二・北村泰三・建石真公子

小畑　郁・江島晶子 編

ヨーロッパ人権裁判所の判例

創設以来、ボーダーレスな実効的人権保障を実現してきたヨーロッパ人権裁判所の重要判例を網羅。

新しく生起する問題群を、裁判所はいかに解決してきたか。さまざまなケースでの裁判所理論の適用場面を紹介。裁判所の組織・権限・活動、判例の傾向と特質など［概説］も充実し、さらに［資料］も基本参考図書や被告国別判決数一覧、事件処理状況や締約国一覧など豊富に掲載。

ヨーロッパ人権裁判所の判例 II

B5・並製・572頁　ISBN978-4-7972-5636-9　C3332

定価：本体 **9,800**円＋税

小畑　郁・江島晶子・北村泰三

建石真公子・戸波江二 編

〒113-0033　東京都文京区本郷6-2-9-102　東大正門前
TEL：03(3818)1019　FAX：03(3811)3580　E-mail：order@shinzansha.co.jp

信山社

第4章　訴権としての参政権

義務の負担など）の是正を求めて，当該地方公共団体の住民であっ
て，住民監査請求（自治242条）を経た者であれば誰でも，自己の
個人的利益とかかわりなく，「いわば公益の代表者として」(6)提訴す
ることができる。納税者たること・有権者たること・日本国民たる
ことを要せず，自然人に限らず法人も含まれる。年齢も要件となっ
ていないので，未成年者も含まれ得る。

　最高裁判所（以下「最高裁」という）は，地自法242条の2所定
の住民訴訟制度の訴権を「法律によつて特別に認められた参政権の
一種」(7)と解する。すなわち，「普通地方公共団体の執行機関又は職
員による同法242条1項所定の財務会計上の違法な行為又は怠る事
実が究極的には当該地方公共団体の構成員である住民全体の利益を
害するものであるところから，これを防止するため，地方自治の本
旨に基づく住民参政の一環として，住民に対しその予防又は是正を
裁判所に請求する権能を与え，もつて地方財務行政の適正な運営を
確保することを目的としたもの」(8)と説く。

　最高裁は，住民訴訟の原告を「専ら原告を含む住民全体の利益の

────────────

(6)　最判昭和53年3月30日民集32巻2号485頁。参照，最大判平成9年
　　4月2日民集51巻4号1673頁。

(7)　「住民の有する右訴権は，地方公共団体の構成員である住民全体の利益
　　を保障するために法律によつて特別に認められた参政権の一種であり，そ
　　の訴訟の原告は，自己の個人的利益のためや地方公共団体そのものの利益
　　のためにではなく，専ら原告を含む住民全体の利益のために，いわば公益
　　の代表者として地方財務行政の適正化を主張するものであるということが
　　できる」（最判昭和53年3月30日・前掲注(6)）。

(8)　同上。同旨，最判昭和38年3月12日民集17巻2号318頁。

105

II　市民の参政基盤としての客観訴訟制度

ために，いわば公益の代表者として地方財務行為の適正化を主張するものである」[9]と性格付けるが，言うまでもなく，当該地方公共団体の構成員である住民全体の利益たる公益は，選挙された代表者を通じて政治的なコントロールによって保護されるべきことが第一義である。憲法 93 条 2 項は「地方公共団体の長，その議会の議員及び法律の定めるその他の吏員は，その地方公共団体の住民が，直接これを選挙する」と規定する。

　最高裁は，住民訴訟制度の本来の意義を「執行機関又は職員の……財務会計上の行為又は怠る事実の適否ないしその是正の要否について地方公共団体の判断と住民の判断とが相反し対立する場合に，住民が自らの手により違法の防止又は是正をはかることができる点」[10]にある，と説く。確かに，代表者による当該地方公共団体の運営が当該地方公共団体の住民の意思に反して恣意・独断に陥った場合のごときにおいて，当該地方公共団体の住民に，直接，その意思を表明する手段をもたせ，これによって代表者の行動を是正することは，極めて重要なことである。

　住民訴訟制度は，当該地方公共団体の財務会計の適法性確保を通じて，当該地方公共団体の政策形成に直接影響を及ぼし得る。住民訴訟では，係争の財務会計の原因行為の違法性も是正することができる（津地鎮祭事件・最大判昭和 52 年 7 月 13 日民集 31 巻 4 号 533 頁，川崎市退職金支払無効事件・最判昭和 60 年 9 月 12 日判時 1171 号 62 頁）。

---

(9)　最判昭和 53 年 3 月 30 日・前掲注(6)。

(10)　同上。

106

第 4 章　訴権としての参政権

判決で違法とされた財務制度は，改廃されなければならない。住民訴訟の提起が契機となって，条例の改正（神戸市債権放棄議決事件・注(18)），違法な公金支出の根拠であった要綱の廃止（大東市債権放棄議決事件・注(18)）等が実現している。係争の違法な財務会計行為が制度的に是正されれば，住民訴訟は当該地方公共団体の財務行政改革として機能する。財務会計行為の違法性の原因が国の施策によるものであれば，住民訴訟で当該施策の是正を求めることもできる。住民訴訟で地方財務行政に波及する法律の違憲無効も審査され得る（警察予算支出禁止事件・最判昭和 37 年 3 月 7 日民集 16 巻 3 号 445 頁）。

　住民訴訟制度は，「普通地方公共団体の住民の手によつて地方自治運営の腐敗を防止矯正し，その公正を確保するために」[11]，憲法が保障する「地方自治の本旨に基いて」（憲 92 条），法律によって住民に与えられた"訴権としての参政権"である。

　地自法は，「住民」を「市町村の区域内に住所を有する者は，当該市町村及びこれを包括する都道府県の住民とする」（地自 10 条 1 項）と定義している。法人そして日本国籍を有しない外国人も，当該地方公共団体の地方自治を担う「住民」である。そうであればこそ，地自法は，住民訴訟の訴権をすべての「住民」に与えている。"訴権としての参政権"は，主権者以外にも，法律によって付与され得る。多様な主体が政治に関与することの有意性は言うまでもない。

---

(11)　最判昭和 38 年 3 月 12 日・前掲注(8)。

107

Ⅱ　市民の参政基盤としての客観訴訟制度

　地方自治を担う「住民」でありながら，住民の義務である地方住
民税を負担しながら，現行において選挙権を有せず[12]，代表者を選
出することのできない外国人にとって，とりわけ「我が国に在留す
る外国人のうちでも永住者等であってその居住する区域の地方公共
団体と特段に緊密な関係を持つに至ったと認められるもの」[13]に
とって，当該地方公共団体の財務行政のあり方に声を届け得る住民
訴訟制度は，有意味である。

　「地方自治の本旨」（憲92条）は，「住民の日常生活に密接な関連
を有する公共的事務は，その地方の住民の意思に基づきその区域の
地方公共団体が処理する」[14]ことを内容とする。地自法10条2項は，
「住民」は，「その属する普通地方公共団体の役務の提供をひとしく
受ける権利を有し，その負担を分任する義務を負う」とする。地方
自治の本旨たる住民自治は，当該地方公共団体の自治を担うすべて
の「住民」に，当該地方公共団体の事務の決定過程に参加する権利

---

(12)　「我が国に在留する外国人のうちでも永住者等であってその居住する
　　区域の地方公共団体と特段に緊密な関係を持つに至ったと認められるもの
　　について，その意思を日常生活に密接な関連を有する地方公共団体の公共
　　的事務の処理に反映させるべく，法律をもって，地方公共団体の長，その
　　議会の議員等に対する選挙権を付与する措置を講ずることは，憲法上禁止
　　されているものではないと解する」（最判平成7年2月28日民集49巻2
　　号639頁）。本件は，大阪市内に居住する韓国国籍の者らが提起した選挙
　　人名簿不登録処分に対する異議の申出却下決定取消請求事件であり，公選
　　法25条に規定する選挙人名簿の登録に関する訴訟に拠る訴権としての参
　　政権行使の例である。本件について，第2章48～50頁参照。

(13)　同上。

(14)　同上。

第 4 章　訴権としての参政権

を認めることを要請する。

　(2)　東京高等裁判所（以下「東京高裁」という）は，平成 12 年 12 月 26 日[15]，町議会が住民訴訟の対象である町の町長個人に対する損害賠償請求権を地自法 96 条 1 項 10 号に拠って放棄したことにつき，「住民訴訟が提起されたからといって，住民の代表である地方公共団体の議会がその本来の権限に基づいて新たに当該住民訴訟における個別的な請求に反した議決に出ることまでを妨げられるものではない（同様に，議会は，住民訴訟の住民の勝訴判決が確定した後において，右勝訴判決に係る権利を放棄することを妨げられるべき理由はない。）のであって，いずれにしても，住民訴訟の提起によって当該地方公共団体がその管理処分権を喪失し又は制限されるべきいわれはない」と判示した（最判平成 16 年 10 月 15 日判例集不登載は上告棄却・上告受理申立不受理）。新潟地判平成 15 年 7 月 17 日裁判所ウェブサイト[16]は，町長が町の自己に対する損害賠償請求権の放棄に関する議案を町議会に提出することは禁じられていないとも判示する。長が自己に関わる議案を提出することを禁じる旨の規定はないこと，長は議案を提出するにすぎず，意思決定自体は議会での

---

(15)　東京高判平成 12 年 12 月 26 日判時 1753 号 35 頁。

(16)　原告らは，「地方公共団体の長個人に対する損害賠償請求権を放棄する議案を当該長自身が提案することは，もっぱら自分の利益を計るための目的でなされるものであり，地方自治体の財務処理の基本原則である『利益相反の排除』（地方自治法 238 条の 3，239 条 2 項等）に反し，許されないというべきである」と主張し，また，「これは地方公共団体の執行機関の誠実な管理執行義務を定めた地方自治法 138 条の 2 に反することも明らかである」と主張した。

Ⅱ　市民の参政基盤としての客観訴訟制度

審議及び決議を経るのであるから，長に議案提出権を認めたとして
も地方公共団体の公正適切な事務処理を損なうとはいい難いことを
理由とする。

　議会の権利放棄議決について，裁判例の傾向は，議会の裁量権を
広範に認めた上で，特別の事情が無い限り適法・有効であるとして
きた[17]。

　確かに，地自法 96 条 1 項 10 号は，「法律若しくはこれに基づく
政令又は条例に特別の定めがある場合を除くほか，権利を放棄する
こと」を議会の議決事件として挙げている。議会の権利放棄の議決
が有効であれば，当該地方公共団体の損害賠償請求権は消滅する。
しかし，住民訴訟の請求対象たる当該地方公共団体の権利を，議会
議決に基づき放棄することは，住民の公選による代表者が，代表者
の行動の是正を求める住民の訴権行使を妨げ得ることであり，たと
え法的には可能であるとしても，安易に許容されてはならない。

　神戸市債権放棄議決事件上告審判決（最判平成 24 年 4 月 20 日）[18]
の中で，最高裁は，

---

(17)　裁判例について，上村考由「判解」最高裁判所判例解説民事篇平成 24
　　年度(下)516 頁参照。

(18)　最判平成 24 年 4 月 20 日民集 66 巻 6 号 2583 頁（神戸市債権放棄議決
　　事件上告審判決）。同旨，最判平成 24 年 4 月 20 日判時 2168 号 45 頁（大
　　東市債権放棄議決事件上告審判決），最判平成 24 年 4 月 23 日民集 66 巻 6
　　号 2789 頁（さくら市債権放棄議決事件上告審判決）。最高裁は，この三件
　　の判決において，初めて，住民訴訟の対象たる権利を議会が放棄する議決
　　の適法性を判断する枠組みを示した。

110

第 4 章　訴権としての参政権

　「地方自治法においては，普通地方公共団体がその債権の放棄をする
るに当たって，その議会の議決及び長の執行行為（条例による場合
は，その公布）という手続的要件を満たしている限り，その適否の
実体的判断については，住民による直接の選挙を通じて選出された
議員により構成される普通地方公共団体の議決機関である議会の裁
量権に基本的に委ねられているものというべきである。もっとも，
同法において，普通地方公共団体の執行機関又は職員による公金の
支出等の財務会計行為又は怠る事実に係る違法事由の有無及びその
是正の要否等につき住民の関与する裁判手続による審査等を目的と
して住民訴訟制度が設けられているところ，住民訴訟の対象とされ
ている損害賠償請求権又は不当利得返還請求権を放棄する旨の議決
がされた場合についてみると，このような請求権が認められる場合
は様々であり，個々の事案ごとに，当該請求権の発生原因である財
務会計行為等の性質，内容，原因，経緯及び影響，当該議決の趣旨
及び経緯，当該請求権の放棄又は行使の影響，住民訴訟の係属の有
無及び経緯，事後の状況その他の諸般の事情を総合考慮して，これ
を放棄することが普通地方公共団体の民主的かつ実効的な行政運営
の確保を旨とする同法の趣旨等に照らして不合理であって上記の裁
量権の範囲の逸脱又はその濫用に当たると認められるときは，その
議決は違法となり，当該放棄は無効となるものと解するのが相当で
ある。そして，当該公金の支出等の財務会計行為等の性質，内容等
については，その違法事由の性格や当該職員又は当該支出等を受け
た者の帰責性等が考慮の対象とされるべきものと解される」

と説いている[19]。

　住民の参政権行使としての訴訟であるからには，その帰結が当該

───────────

(19)　この判断枠組みを適用して，議決を違法とし，債権の放棄を無効とし
　　た判決として，東京地判平成 25 年 1 月 23 日判時 2189 号 29 頁（檜原村
　　（東京都檜原村）債権放棄議決事件），高松高判平成 29 年 1 月 31 日判タ
　　1437 号 85 頁（鳴門市競艇事業に係る公金違法支出事件）。

111

Ⅱ　市民の参政基盤としての客観訴訟制度

地方公共団体の議会に委ねられることも認められないことではない。しかし，合理的な理由を欠く議会の権利放棄の議決は，地自法に定める住民訴訟の制度を根底から否定するものであって，議決権の濫用に当たり，その効力を有しないものというべきである。住民訴訟の提起は，係争の財務会計上の行為の適法性に関して，当該地方公共団体と住民との間に見解の対立が存する場合であり，それを住民のイニシアティブで解決することにある。とりわけ，住民側の勝訴判決確定後の放棄は，問題である。当該行為の違法性は確定している。その是正請求を拒否する代表者の傲慢さは信任に値しない。

　(3)　改正地自法（平成29年法律54号）242条10項は，普通地方公共団体の議会は，住民監査請求があった後に，「当該請求に係る行為又は怠る事実に関する損害賠償又は不当利得返還の請求権その他の権利の放棄に関する議決をしようとするときは，あらかじめ監査委員の意見を聴かなければならない」と規定する。住民訴訟は監査結果に不服ある場合に移行するものであるにせよ，「『判決確定後の放棄』について監査委員等の意見を聴取することについては，権利放棄の最終的判断は議会にあるとしても，議決に先立ち独立性ある監査委員の意見を聴取することを義務付けることには意義あるものと思われる」[20]との期待も述べられている。この手続きが，議会による権利放棄議決の客観性かつ合理性の担保として有効であり得るか否かは，監査委員の人選にかかっている。行政は法と司法の下

---

　(20)　松本英昭『逐条地方自治法第9次改訂版』（学陽書房，2017年）1052
　　　～1053頁。

第4章 訴権としての参政権

にあるとの「優れた識見を有する者」（自治196条1項）が選任されることが肝要である。当該地方公共団体の長が議会の同意を得て監査委員を選任する（同項）が，推薦制を採るなど，その手続きが検討されるべきである。監査委員の意見を聴いて行った権利放棄議決であっても，裁量権の逸脱又は濫用として違法無効とする司法判断を妨げることはできない。

また，同法243条の2第1項は，普通地方公共団体の長等の損害賠償責任の一部免責を「普通地方公共団体は，条例で，当該普通地方公共団体の長若しくは委員会の委員若しくは委員又は当該普通地方公共団体の職員（次条第3項の規定による賠償の命令の対象となる者を除く。以下この項において『普通地方公共団体の長等』という。）の当該普通地方公共団体に対する損害を賠償する責任を，普通地方公共団体の長等が職務を行うにつき善意でかつ重大な過失がないときは，普通地方公共団体の長等が賠償の責任を負う額から，普通地方公共団体の長等の職責その他の事情を考慮して政令で定める基準を参酌して，政令で定める額以上で当該条例で定める額を控除して得た額について免れさせる旨を定めることができる」と規定する。確かに，長や職員個人にとっては多額で過酷な賠償負担の認定が，救済的に，議会の権利放棄の一因となっていたことは否めない。長や職員個人が負う損害賠償額を限定する措置を講ずることで，故意・重過失の場合の損害賠償請求権の放棄や，軽過失の場合に最低限負担すべきとされる損害賠償額に係る請求権の放棄に際しては，より一層慎重な判断が求められることが期待されている。

113

II　市民の参政基盤としての客観訴訟制度

3　選挙制度改正への司法的アプローチ

(1)　国民の主権行使としての参政権の核心は，国政への選挙権である。国民は，選挙を通じて国の政策を選択し，あるいはそれに影響を与えようとする。国民がその意思を政治に反映させる最も重要な手段は選挙である。選挙権は，一定の選挙制度の枠内で行使される。

憲法は，国政にかかる選挙制度がどのようなものであるべきかについて基本原則を定めた上で[21]，具体的な選挙制度を構築するにあたり，立法府に広範な裁量権を付与している（憲43条2項，47条）。どのような選挙制度であれば，国民の意思が最もよく政治に反映されることになるのか。真なる国民の意思に基づく政治を実現するために採られるべき最善の選挙制度はどのようなものか。

選挙制度の設計にかかっては，立法者が現職の議員として既得権益を有する一方の当事者である。したがって，立法府による自由にして公正な選挙制度づくりは，なかなか期待し得ないところがある。そうであるからこそ，現職議員の既得権益から解放された選挙制度づくりをサポートする司法の役割が重要となる[22]。選挙制度改正へ

---

(21)　選挙の基本原則として，憲法は，①普通選挙（15条3項），②平等選挙（14条・44条），③秘密選挙（15条4項）を明文で規定する。さらに，④自由選挙，⑤直接選挙も憲法上の要請と解されている（高橋和之『立憲主義と日本国憲法第4版』（有斐閣，2017年）305～308頁）。

(22)　この点にかかる指摘として，ジョン・H・イリィ（佐藤幸治＝松井茂記訳）『民主主義と司法審査』（成文堂，1990年）125頁以下参照。

114

第 4 章　訴権としての参政権

の司法的アプローチは，既得権益を有する代表者による行動への期待が薄く，投票による是正が難しく，裁判所がそれを行わなければ他のどこもそれを遂行しそうにない場合に必要とされ，極めて有用であり得る。

(2)　一票の平等性を求めて，繰り返し提起されている公職選挙法（以下「公選法」という）204 条所定の選挙無効訴訟は，国権の最高機関に真なる国民の意思を反映させるべく，司法的アプローチとして行使される参政権の典型である。訴権は，「選挙人又は公職の候補者」に与えられている。個人のみならず，政党も訴権を有する。

最高裁大法廷は，平成 21 年 9 月 30 日，平成 19 年 7 月 29 日施行の参議院議員通常選挙に対する無効請求事件の判決[23]（以下「平成 21 年参院選大法廷判決」という）において，参議院議員選挙制度の見直しに向けて，つぎのように説示した。

　「現行の選挙制度の仕組みを維持する限り，各選挙区の定数を振替える措置によるだけでは，最大較差の大幅な縮小を図ることは困難であり，これを行おうとすれば，現行の選挙制度の仕組み自体の見直しが必要となることは否定できない。このような見直しを行うについては，参議院の在り方をも踏まえた高度に政治的な判断が必要であり，事柄の性質上課題も多く，その検討に相応の時間を要することは認めざるを得ないが，国民の意思を適正に反映する選挙制度が民主政治の基盤であり，投票価値の平等が憲法上の要請であることにかんがみると，国会において，速やかに，投票価値の平等の重要性を十分に踏まえて，適切な検討が行われることが望まれる。」

----

(23)　最大判平成 21 年 9 月 30 日民集 63 巻 7 号 1520 頁。

Ⅱ　市民の参政基盤としての客観訴訟制度

上記平成 21 年参院選大法廷判決は，係争の議員定数配分規定（選挙区及び議員定数の定め）が本件選挙当時憲法に違反するに至っていたということはできない，と結論づけているが，しかし，本件選挙当時の選挙区間における議員 1 人当たりの選挙人数の最大較差は 1 対 4.86 であった。藤田宙靖裁判官は，補足意見のなかで，「投票価値の平等という見地からする限り，最大較差 4 倍超という数字をもってなお平等が保たれているということは，本来無理な強弁というべく」と自嘲する。

参議院議員選挙においても衆議院議員選挙においても，一票の平等性を問う選挙訴訟は繰り返し提起されている。しかし，最高裁の再三の警告にもかかわらず，立法府は，衆議院についても参議院についても，選挙制度における投票価値の不平等状態につき根本的な対応をしたとは言い難い。選挙制度改正への司法的アプローチの実効性は，判決に従って，立法府に改正立法を余儀なくさせることである。しかし，現行の公選法 203 条・204 条所定の選挙訴訟は，選挙制度改正にかかって実効性は乏しい。

平成 13 年 7 月 29 日に施行された参議院議員選挙にかかる平成 16 年 1 月 14 日の最高裁大法廷判決[24]（以下「平成 16 年参院選大法廷判決」という）は，選挙当時 1 対 5.06 であった選挙区間の議員 1 人当たりの選挙人数の最大較差を合憲としながらも，裁判官 6 名の違憲である旨の反対意見のほか，慢然と同様の状況が維持されるなら

─────────

(24)　最大判平成 16 年 1 月 14 日民集 58 巻 1 号 56 頁。

ば違憲判断がされる余地がある旨を指摘する裁判官4名による補足
意見が付された。平成16年参院選大法廷判決を受けて，いわゆる
暫定的4増4減案に基づく公選法改正（平成18年法律52号）がな
された。しかし，その後における立法府の議員定数是正ひいては選
挙制度改革の取り組みについて，藤田宙靖裁判官の上記平成21年
参院選大法廷判決での補足意見は以下のように批判する。

　「参議院において，4増4減措置の導入が，少なくとも表向きは差
　し当たり暫定的なものとされていたことは，その後選挙制度に関し
　参議院改革協議会が4回にわたって開かれ，その第3回会議（平成
　20年6月9日）には，『参議院改革協議会専門委員会（選挙制度）』
　が設置されていること（当審に顕著な事実）からも推認される。他
　方でしかし，同専門委員会が第1回目の会議を開いたのは，その半
　年後の同年12月19日になってようやくのこと（同）であり，しか
　も，（公にされている限りでは）そこで実質的な検討が行われた気配
　は窺われない。このことは，その後開催された同専門委員会の諸会
　議においても基本的に同様であって，要するに参議院は，先の4増
　4減措置の導入後現在に至るまで，およそ3年間にもわたって，更
　なる定数是正につき本格的な検討を行っているようには見受けられ
　ないのである。そして，それが何故であるか，更なる定数是正には
　どのような理論的・実際的な問題が存在し，どのような困難がある
　ために改革の前進が妨げられているのか等について，参議院は，国
　民の前に一向にこれを明らかにしようとはしていない。」

立法府はこのような姿勢を改めているのであろうか。
平成21年参院選大法廷判決の指摘にもかかわらず，4増4減の
平成18年公選法改正後，是正のための法改正は行われることなく，
平成22年7月11日施行の参議院議員通常選挙当時において，選挙

Ⅱ　市民の参政基盤としての客観訴訟制度

区間における議員1人当たりの選挙人数の最大較差は，1対5.00であった（最大判平成24年10月17日民集66巻10号3357頁[25]。以下「平成24年参院選大法廷判決」という）。

　(3)　公選法203条・204条所定の選挙訴訟に基づく選挙制度見直しの司法的サポートの実効性は，選挙を無効とすることによって担保される。判決を無視して，合理的な理由もなく，漫然と違憲状態が維持されたまま施行された選挙は無効とされなければならない。参議院にあっては，当該選挙を無効としても，残る議員の存在により国政に混乱は生じない。現行の参議院は148人の選挙区選出議員と100人の比例代表選出議員とで構成され（公選4条2項），任期は6年であり，3年ごとに半数改選となる（憲46条）。合憲性が問われるのは，74人の選挙区選出議員の選挙である。係争の選挙を無効としても，「その総議員の三分の一以上」の定足数（憲56条）に問題はない。

　選挙区間における議員1人当たりの選挙人数の最大較差が1対4.77に至っていた平成25年7月21日施行の参議院議員通常選挙につき，広島高等裁判所岡山支部は，憲法に違反する定数配分規定に基づいて施行された岡山県選挙区における選挙も違憲・無効とする判決中において，「仮に本件選挙における47選挙区の全ての選挙

────────────

(25)　本件で，最高裁大法廷は，「本件選挙までの間に本件定数配分規定を改正しなかったことが国会の裁量権の限界を超えるものとはいえず，本件定数配分規定が憲法に違反するに至っていたということはできない」と判決した。

第4章　訴権としての参政権

が無効になったとしても，平成22年選挙によって選出された議員と本件選挙における比例代表選挙による選出議員は影響を受けず，これらの議員によって，本件定数配分規定を憲法に適合するように改正することを含めた参議院としての活動が可能であることなどを考慮すれば，長期にわたって投票価値の平等という憲法上の要請に著しく反する状態を容認することの弊害に比べ，本件選挙を無効と判断することによる弊害が大きいということはできない」と説示する[26]。

　他方でしかし，公選法上の選挙訴訟には，当該選挙を無効とした判決の後始末に関する規定が存在しない。選挙無効の判決を受けて，被告その他関係機関の執るべき具体的措置等について，現行法は何らの定めも置いていない。被告は，所轄の中央選挙管理会・選挙管理委員会である。被告は，現行法に従って当該選挙を実施する責任を負う機関であり（公選5条），選挙制度の改正は，その権限ではない。

　選挙を無効とすることによって担保される選挙制度改正への司法的アプローチでは，違憲判断を避ける不合理な判決となりやすい。平成24年参院選大法廷判決が，「本件選挙当時，……投票価値の不均衡は，投票価値の平等の重要性に照らしてもはや看過し得ない程度に達しており，これを正当化すべき特別の理由も見いだせない以上，違憲の問題が生ずる程度の著しい不平等状態に至っていたとい

────────────

(26)　広島高岡山支判平成25年11月28日裁判所ウェブサイト。

119

Ⅱ　市民の参政基盤としての客観訴訟制度

うほかはない」と判示しながら「本件定数配分規定が本件選挙当時憲法に違反するに至っていたということはできない」との結論を採る論拠は，①参議院において，平成 21 年参院選大法廷判決の趣旨を踏まえ，参議院改革協議会の下に設置された専門委員会における協議がされるなど，選挙制度の仕組み自体の見直しを含む制度改革に向けての検討が行われていたこと，②選挙制度の仕組み自体の見直しについては，参議院の在り方をも踏まえた高度に政治的な判断が求められるなど，事柄の性質上課題も多いためその検討に相応の時間を要することは認めざるを得ないこと，である。しかし，平成 18 年の最終改正から，既に十分すぎる時間が経過している。

　(4)　選挙制度改正への司法的アプローチは，「立法府への期待がいわば万策尽きた時点で始まる」(27)ものである。国民は，投票による是正を困難として，司法府に頼る。裁判所は，選挙制度の合憲性について，国会によって具体的に定められたことが，その裁量権の行使として合理性を是認し得るものであるか否かを審査する。そうであるから，国民は，現行の選挙制度の内容につき，国会の裁量権の限界を超えているものであると消極的に知り得るのみである。最大判平成 25 年 11 月 20 日は，平成 24 年 12 月 16 日施行の衆議院議員総選挙にかかる選挙無効請求事件(28)において，憲法秩序の下に

---

(27)　野中俊彦「憲法訴訟論の現状と課題」『憲法訴訟の原理と技術』（有斐閣，1995 年）221 頁。

(28)　最大判平成 25 年 11 月 20 日民集 67 巻 8 号 1503 頁。本判決のなかで，衆議院議員の選挙における投票価値の較差の問題についての憲法判断をするに際して，最高裁は，これまで，①定数配分又は選挙区割りが諸事情を

120

第 4 章 訴権としての参政権

おける司法権と立法権との関係に照らして,「裁判所において選挙
制度について投票価値の平等の観点から憲法上問題があると判断し
たとしても,自らこれに代わる具体的な制度を定め得るものではな
(い)」と改めて述べている。しかし,国民が司法府に期待するもの
は,国会に対する"合憲性の基準を満たす選挙制度"の具体的な説
示ではないだろうか。国民は,司法府が立法者に速やかに行うべき
改正の方向性を明確に提示してくれることを望んでいる。確かに,
憲法は,どのような選挙制度が国民の利害や意見を公正かつ効果的
に政治に反映させることになるのかの決定を立法府の裁量に委ねて
いる(憲 43 条 2 項・47 条)。そうであっても,立法府の選挙制度選
択にかかる裁量は,憲法上の制約を受ける[29]。憲法に適合する選択

　　総合的に考慮した上で投票価値の較差において憲法の投票価値の平等の要
　　求に反する状態に至っているか否か,②上記の状態に至っている場合に,
　　憲法上要求される合理的期間内における是正がされなかったとして定数配
　　分規定又は区割規定が憲法の規定に違反するに至っているか否か,③当該
　　規定が憲法の規定に違反するに至っている場合に,選挙を無効とすること
　　なく選挙の違法を宣言するにとどめるか否かといった判断の枠組みに従っ
　　て審査を行ってきた,と説明している。
(29)　平成 24 年参院選大法廷判決のなかで,須藤正彦裁判官が反対意見と
　　して,「いかなる選挙制度とするか,これにつきどのような仕組みを構築
　　するかは,元来は国会の広い裁量権に委ねられる事柄である(憲法 44 条,
　　47 条)。そうすると,立法府と司法との関係において,裁判所がこのよう
　　な立法的措置を伴う制度の見直しを促すようなことはよくよくのことであ
　　ると考えられるところであるが,……立法府も憲法の下にある一方におい
　　て,憲法は最高法規であり(憲法 98 条),最高裁判所は,一切の法律,命
　　令,規則又は処分が憲法に適合するかしないかを決定する権限を有する終
　　審裁判所である(同 81 条)」と述べる。

Ⅱ　市民の参政基盤としての客観訴訟制度

の方向性が明らかであれば，裁量権はその範囲に限定される。最高
裁大法廷は，平成 23 年 3 月 23 日，平成 21 年 8 月 30 日施行の衆議
院議員総選挙にかかる無効請求事件の判決[30]のなかで，事柄の性
質上必要とされる是正のための合理的期間内に，できるだけ速やか
に，既に立法時の合理性を失った本件区割基準中の 1 人別枠方式を
廃止し，衆議院議員選挙区画定審議会設置法 3 条 1 項の趣旨に沿っ
て，本件区割規定を改正するなど，投票価値の平等の要請にかなう
立法的措置を講ずる必要があると指摘した。平成 24 年参院選大法
廷判決は，「（都道府県）を参議院議員の選挙区の単位としなければ
ならないという憲法上の要請はなく，むしろ，都道府県を選挙区の
単位として固定する結果，その間の人口較差に起因して投票価値の
大きな不平等状態が長期にわたって継続していると認められる状況
の下では」，「単に一部の選挙区の定数を増減するにとどまらず，都
道府県を単位として各選挙区の定数を設定する現行の方式をしかる
べき形で改めるなど，現行の選挙制度の仕組み自体の見直しを内容
とする立法的措置」を提言する。平成 25 年 7 月 21 日施行の参議院
議員通常選挙の選挙無効請求にかかる最大判平成 26 年 11 月 26
日[31]も同様に指摘する。

　司法権が立法府に憲法上の基準を満たす改正の方向性を具体的に
説示することは，極めて有益である。国民が憲法に適う選挙制度の
モデルを知ることができるほどに，司法権が憲法上の基本原則を遵

---

(30)　最大判平成 23 年 3 月 23 日民集 65 巻 2 号 755 頁。
(31)　最大判平成 26 年 11 月 26 日民集 68 巻 9 号 1363 頁。

第 4 章　訴権としての参政権

守する選挙制度の在り方を具体的に示し，それが周知されれば，選挙制度にかかる立法府の憲法軽視そして立法府の為すべきことが国民に対してより一層顕在化する。

　このことは，とりわけ地方公共団体の選挙制度の改正にかかって有益である。地自法 12 条 1 項は，日本国民たる普通地方公共団体の住民に，その属する普通地方公共団体の条例の制定又は改廃を請求する権利を保障する。裁判所のモデル提示は，住民の直接請求の条例による選挙制度改正を強力にサポートする。

　先にも述べたように，選挙制度改正への司法的アプローチは，既得権益を有する代表者による行動への期待が薄く，投票による是正が難しく，裁判所がそれを行わなければ他のどこもそれを遂行しそうにない場合に必要とされ，極めて有用であり得る。立法府は憲法の下にあり，司法府は憲法適合性の最終判断権を有する（憲 81 条）。"合憲性の基準を満たす選挙制度" 策定へのサポートは，まさに司法府が担うに適し，司法府に期待されることである。

4　参政への司法的アプローチの有益性とその限界

　(1)　訴権として法廷で行使される参政権は，選挙・直接請求・住民投票・国民投票における政治参加とは差異のある存在意義を有する。司法的アプローチは，投票・署名とは異なる実効力をもち得る。

　第一に，1 でも述べたように，当該参政権は，公益のために，法律によって訴権を与えられた者が行使する（裁 3 条 1 項後段）。訴権

123

Ⅱ　市民の参政基盤としての客観訴訟制度

は，主権者以外にも与えられ得る。選挙人たる資格にもかかわりな
く与えられる。主権者でもなく，選挙人たる資格も有しない者が政
治に関与する手段であり得る。訴権は，自然人のみならず法人にも
付与され得る。個人のみならず，団体にも認められる。主権者でも
ない，選挙人でもない，自然人でもない，個人でもない者に参政へ
の途を開く。投票制度よりも，その範囲は拡がり易い。国籍とかか
わりなく他国の者にも訴権は認められ得る。錯綜する政治・外交環
境においては，多様な者の法的関与の機会は極めて必要とされよう。

　第二に，多数の人によって支持された代表者の非違行為に対して，
ただ一人，単独で，その是正を請求することができる。是正請求に
一定数の署名等を必須としない。多数の人に支持されても，違法な
行為が適法となることはない。

　投票と民主制のプロセスによって，代表者の非違行為を是正する
ためには，多数の意思を必要とする。それも，投票制度が民意を正
しく反映し得るシステムとして正当に構築されているということが
大前提である。

　第三に，弱い個人が単独で強大な政治的権力を背景に有する組
織・代表者に立ち向かい得る。司法的アプローチは，司法権によっ
て，必ず審理され，公正な裁判手続きに基づいて判断される。裁判
は客観的な規準に拠る。裁判官は独立して職権を行使する（憲76
条3項)[32]。原告が勝訴すれば，係争の行為の是正が司法権力によっ

---

　(32)　ただし，わが国の裁判官は，議院内閣制に基づく内閣によって任命さ
　　　れる。すなわち，天皇は，最高裁判所の長たる裁判官を，内閣の指名に基

第 4 章　訴権としての参政権

て命ぜられる。

　議会による統制は，構成員たる現職の議員が再選をめざすことから，支持者に敏感なものとなり，それ故に，多数の支持を得ている係争行為の是正に対して，公正を第一義には置きづらい。すべての問題が取り上げられるわけではない。支持者が無関心な問題は議題とされにくい。

　他方，議員と異なり，わが国の裁判官は，最高裁判所裁判官が国民審査による解職の余地を有する（憲 79 条 2・3・4 項）としても，選挙による選出とは無縁であり，したがって，その判断において世論に阿る要はない。

　第四に，代表者が侵した個別的非違行為の是正を可能とする。司法的アプローチは，個別の違法行為の是正を直接的に求め得る。個別行為の是正を選挙の投票あるいは解職の直接請求によって要求することは必ずしも馴染むものではない。個別の行為に問題があっても，全体として信任し得る代表者も存在する。特定の個別行為を対象とし得る住民投票制度では，その結果に法的拘束力を付与しないことが通常である[33]。

　(2)　以上のような有益性をもつ一方，しかし，司法的アプローチ

　　いて，任命し（憲 6 条 2 項），最高裁判所の長たる裁判官以外の裁判官は，内閣で任命され（憲 79 条 1 項），下級裁判所の裁判官は，最高裁判所の指名した者の名簿によって，内閣でこれを任命する（憲 80 条 1 項）。このような任命制度が，政権与党に対する司法権の独立性を完全に保障し得るか否かは問題として指摘できよう。

(33)　宇賀・前掲注(5)379〜383 頁。

Ⅱ　市民の参政基盤としての客観訴訟制度

には，選挙・直接請求・住民投票・国民投票にはない限界も存する。

　第一に，提訴者は，費用を負担する。非財産権上の請求であって
も，本人訴訟であっても，訴訟の追行にはお金がかかる。例えば，
管轄裁判所までの交通費がいる。地方裁判所の支部は行政事件訴訟
の事物管轄を有しない（地方裁判所及び家庭裁判所支部設置規則1条
2項）。選挙訴訟であれば，第一審は高等裁判所である（公選203条
1項，204条，207条1項，208条1項・217条）。最高裁判所は，東京
都に置かれる（裁6条）。

　参政権の行使が経済力によって限定される。原告は，訴権たる参
政権を，原告個人の利益のためでなく，国民全体の利益のために，
住民全体の利益のために，公益の代表者として行使する。しかし，
その費用を原告個人が負担しなければならない。公益の代表者とし
ての参政権行使に要する費用につき，合理的な配慮が必要である。
弁護士費用に関して，住民訴訟制度において，地自法242条の2第
12項が「第1項の規定による訴訟を提起した者が勝訴（一部勝訴を
含む。）した場合において，弁護士又は弁護士法人に報酬を支払う
べきときは，当該普通地方公共団体に対し，その報酬額の範囲内で
相当と認められる額の支払を請求することができる」としている。
公選法所定の選挙訴訟には，弁護士費用にかかるこのような規定は
存しない。

　公益の代表者としての提訴であるのに，原告のみに費用を負担さ
せ，訴訟追行の労を求めることは不合理である。最高裁は，「住民
訴訟において，これを提起した住民は，その請求を放棄することが

126

第 4 章　訴権としての参政権

できないものと解する」と判示する[34]。公益の代表者としての提訴であるからには，費用を含む負担にかかる処分権主義も制限される。

第二に，同様に，公益の代表者としての提訴であるのに，原告のみに過度の主張・立証を負わせることも不合理である。原告の訴訟行為の負担が重ければ重いほど，参政権行使の結果は，原告の訴訟追行能力に左右される。公益のための参政権行使の帰趨は，特定個人の訴訟追行の巧拙等に馴染むものではない。原告は，公益保護のための訴訟手続上の技術的当事者である。自己の利益のためではない公益実現のための訴訟手続上の技術的当事者を主張・立証の自己責任から解放する裁判所の後見的な職権審理が要請される。

公益のための公益の代表者による訴権としての参政権行使に相応しい訴訟手続の創造的形成を司法府に期待したい。訴権としての参政権行使に相応しい訴訟手続は，個人の権利救済のための訴訟手続とは法理を異にする。

第三に，判決の確定には時間がかかる。先に紹介した平成 16 年参院選大法廷判決は，平成 13 年 7 月 29 日施行の参議院議員選挙当時の一票の平等性に関する判決であり，判決日は平成 16 年 1 月 14 日であったが，同年 7 月 11 日には新たな参議院議員選挙が実施さ

---

(34)　最判平成 17 年 10 月 28 日民集 59 巻 8 号 2296 頁。この判旨の解説として，長屋文裕「判解」最高裁判所判例解説民事篇平成 17 年度（下）743〜745 頁，その理解として塩野宏『行政法 II 行政救済法［第六版］』（有斐閣，2019 年）285 頁。

　住民訴訟を含む客観訴訟における処分権主義の制限につき，山岸敬子『客観訴訟の法理』（勁草書房，2004 年）42〜43 頁。

127

Ⅱ　市民の参政基盤としての客観訴訟制度

れた。参議院議員選挙は 3 年毎に必ず行われる。平成 21 年参院選
大法廷判決のような制度見直しにかかる司法的サポートを発するに
際して，時間的配慮が重要である。同判決日は，平成 21 年 9 月 30
日であり，その後 9 カ月余の平成 22 年 7 月 11 日には，再び参議院
議員選挙が実施された。選挙制度の仕組みの基礎となる国勢調査は
10 年ごとに，簡易調査は 5 年ごとに実施される（統計 5 条 2 項）。
社会的，経済的変化の激しい時代にあって人口の変動は不断に生ず
る。さらに，最高裁も認めるように，選挙制度の仕組み自体の見直
しについては，事柄の性質上課題も多いため，その検討に相応の時
間を要するのであれば，迅速な裁判審理が必要である。

　著名な住民訴訟である津地鎮祭訴訟[35]は，昭和 40 年 1 月 14 日
に挙行された三重県の津市体育館の起工式に対するものであるが，
最高裁大法廷で判決が確定したのは，昭和 52 年 7 月 13 日である。
最高裁は，政教分離に関する合憲性の判断において「一般人の見
解」を考慮に入れているが，判決時にあっては，10 年以上も前の
「一般人の見解」を判断基準としたことになる。10 年以上も前の一
般人の見解にかかる判断が，判決後の政教分離政策の有益な指針と
なり得るのだろうか。

　第四に，訴権としての参政権は，法廷で行使される。政策を巡る
意見の相違が法的争いの衣をまとって法廷に持ち出される。裁判所
の審理は，係争行為にかかる法適合性の判断に限られる。法適合性

─────────────

(35)　最大判昭和 52 年 7 月 13 日民集 31 巻 4 号 533 頁。

第4章　訴権としての参政権

に問題がなければ，当該行為の是正は命ぜられない。合憲であっても，合法であっても，是正を求めたい公益を損する行為がしばしば存在する。当該公益保護に対して，司法的アプローチは親和しない。

5　"訴権としての参政権"の新たな展開への期待

　訴権たる参政権の行使は，確かに，司法的アプローチであることの限界を有するが，しかし，その有益性から，現行制度の充実とともに，新たな展開が期待される。

　(1)　住民訴訟事件において，最高裁大法廷は，二つの政教分離に関する違憲判決を下した。一つは，平成9年4月2日判決の著名な愛媛玉串料訴訟[36]であり，県が靖国神社又は護国神社の挙行した例大祭，みたま祭又は慰霊大祭に際し玉串料，献灯料又は供物料を県の公金から支出して奉納したことが憲法20条3項，89条に違反するとされた事例である。もう一つは，市が町内会に対し市有地を無償で神社施設の敷地としての利用に供している行為が，憲法89条，20条1項後段に違反するとされた事例であり，平成22年1月20日に判決が言い渡された[37]。二つの判決は，住民の訴権としての参政権行使の大きな成果である。

　ところで，全く同様の事件が国レベルでも起こっている。内閣総

─────────

(36)　最大判平成9年4月2日民集51巻4号1673頁。

(37)　砂川政教分離（空知太神社）訴訟上告審判決（最大判平成22年1月20日民集64巻1号1頁）。

129

Ⅱ　市民の参政基盤としての客観訴訟制度

理大臣の靖国神社への公式参拝事件が問題となり，また国有地を無
償で神社に供している事例が実際に相当数存している。これらの公
金支出は，上記の住民訴訟事件で違憲と判断されたものと全く同じ
性質を有する。しかし，国レベルでは，住民訴訟制度のような当該
公金支出の違憲性を直接的に問う訴訟手段がない。当該公金支出を
国レベルで訴訟的に争う場合，国家賠償請求訴訟が用いられ得る。
すなわち，国家の政教分離に反する違憲行為によって，個人として
精神的苦痛を受けたとして慰謝料を請求して提訴する。しかし，当
該公金支出行為がたとえ違憲性を有するとしても，そのことを個人
への損害賠償の対象とすることには無理があり，原告側が勝訴した
ことはない。もっとも，損害賠償請求の訴えを受けて裁判所は，先
行の判断として係争行為の憲法判断を行うことは可能であるが[38]，
最高裁は，首相の靖国神社への公式参拝に関して憲法判断に立ち入
ることなく，損害賠償請求を斥けた[39]。

---

(38)　国家賠償請求訴訟において，内閣総理大臣の靖国神社への参拝が違憲
と判示された例として，大阪高判平成17年9月30日裁判所ウェブサイト
（確定）「本件各参拝は，憲法20条3項の禁止する宗教的活動に当たると
認められる」，同旨である福岡地判平成16年4月7日判時1859号125頁
（九州靖国訴訟，確定）等も参照。
(39)　「人が神社に参拝する行為自体は，他人の信仰生活等に対して圧迫，
干渉を加えるような性質のものではないから，他人が特定の神社に参拝す
ることによって，自己の心情ないし宗教上の感情が害されたとし，不快の
念を抱いたとしても，これを被侵害利益として，直ちに損害賠償を求める
ことはできないと解するのが相当である。……このことは，内閣総理大臣
の地位にある者が靖國神社を参拝した場合においても異なるものではない
から，本件参拝によって上告人らに損害賠償の対象となり得るような法的

第 4 章　訴権としての参政権

　違憲行為として，地方公共団体で許されないことが，国で放置されてよいはずがない。国レベルでの政教分離にかかる公金支出統制のための司法的アプローチの途が必要である。

　政教分離にかかる公金支出の禁止について，憲法は一個条を設けて明記している。「公金その他の公の財産は，宗教上の組織若しくは団体の使用，便益若しくは維持のため，又は公の支配に属しない慈善，教育若しくは博愛の事業に対し，これを支出し，又はその利用に供してはならない」(憲 89 条)。そして，憲法は，「最高裁判所は，一切の法律，命令，規則又は処分が憲法に適合するかしないかを決定する権限を有する終審裁判所である」(憲 81 条) と宣言し，司法府に違憲審査権を付与している。そうであるならば，憲法が明記して禁ずる政教分離にかかる公金支出を司法的に担保することが憲法上に要請される[40]。憲法が禁じた公金支出は，憲法 98 条 1 項

　　利益の侵害があったとはいえない」(最判平成 18 年 6 月 23 日判時 1940 号
　　122 頁)。
(40)　福岡地判・前掲注(38)は，判決の終わりに以下のように附言する。「な
　　お，前記のとおり，当裁判所は，本判決において，本件参拝につきその違
　　憲性を判断しながらも，結論としては，本件参拝によって原告らの法律上
　　保護された権利ないし利益が侵害されたということはできず，不法行為は
　　成立しないとして原告らの請求をいずれも棄却するものであり，あえて本
　　件参拝の違憲性について判断したことに関しては異論もあり得るものとも
　　考えられる。しかしながら，現行法の下においては，本件参拝のような憲
　　法 20 条 3 項に反する行為がされた場合であっても，その違憲性のみを訴
　　訟において確認し，又は行政訴訟によって是正する途もなく，原告らとし
　　ても違憲性の確認を求めるための手段としては損害賠償請求訴訟の形を借
　　りるほかなかったものである。一方で，靖国神社への参拝に関しては，前
　　記認定のとおり，過去を振り返れば数十年前からその合憲性について取り

131

Ⅱ　市民の参政基盤としての客観訴訟制度

の許すところではない。当該公金支出を統制すべく，司法的アプローチの方途を憲法上の要請として実現しなければならない[41]。

(2)　公選法203条・204条所定の選挙訴訟制度の趣旨は，最大判昭和51年4月14日[42]（以下「昭和51年衆院選大法廷判決」という）に述べられるように，「公選法の規定に違反して執行された選挙の効果を失わせ，改めて同法に基づく適法な再選挙を行わせること（同法109条4号）を目的とし，同法の下における適法な選挙の再実施の可能性を予定するもの」である。しかし，最高裁は，議員定数配分規定の違憲性・違法性を主張して，その改正を求める訴訟を，公選法203条・204条の選挙訴訟に準拠して運用することができるとして判決を積み重ね，当該訴えの適法性に関する判例法理は既に確定している。

　　沙汰され，『靖国神社法案』も断念され，歴代の内閣総理大臣も慎重な検討を重ねてきたものであり，元内閣総理大臣中曽根康弘の靖国神社参拝時の訴訟においては大阪高等裁判所の判決の中で，憲法20条3項所定の宗教的活動に該当する疑いが強く，同条項に違反する疑いがあることも指摘され，常に国民的議論が必要であることが認識されてきた。しかるに，本件参拝は，靖国神社参拝の合憲性について十分な議論も経ないままなされ，その後も靖国神社への参拝は繰り返されてきたものである。こうした事情にかんがみるとき，裁判所が違憲性についての判断を回避すれば，今後も同様の行為が繰り返される可能性が高いというべきであり，当裁判所は，本件参拝の違憲性を判断することを自らの責務と考え，前記のとおり判示するものである。」
(41)　松井茂記『日本国憲法第3版』（有斐閣，2007年）252頁は，憲法89条を「政教分離原則違反の支出行為の違憲性を争う納税者訴訟を憲法上承認したものと解すべきであろう」とする。
(42)　最大判昭和51年4月14日民集30巻3号223頁。

132

第4章　訴権としての参政権

　最高裁は，公選法204条の選挙訴訟を議員定数配分規定の改正に
かかる請求をも許容する制度と解釈する理由として，昭和51年衆
院選大法廷判決のなかで，「右の訴訟は，現行法上選挙人が選挙の
適否を争うことのできる唯一の訴訟であり，これを措いては他に訴
訟上公選法の違憲を主張してその是正を求める機会はないのである。
およそ国民の基本的権利を侵害する国権行為に対しては，できるだ
けその是正，救済の途が開かれるべきであるという憲法上の要請に
照らして考えるときは，前記公選法の規定が，その定める訴訟にお
いて，同法の議員定数配分規定が選挙権の平等に違反することを選
挙無効の原因として主張することを殊更に排除する趣旨であるとす
ることは，決して当を得た解釈ということはできない」と説示する。

　公選法203条・204条所定の選挙訴訟は行政事件訴訟法（以下「行
訴法」という）が設ける民衆訴訟（行訴5条）の一種である。行訴法
5条に規定される民衆訴訟の裁判所による解釈的創設は，同法の許
容するところではない。行訴法42条は，「民衆訴訟……は，法律に
定める場合において，法律に定める者に限り，提起することができ
る」とする。現行の選挙規定を遵守して選挙を実施させるために設
けられた制度と規定自体の改正にかかる訴訟は全く異質な訴訟制度
である。最高裁は「法定の訴訟類型である選挙無効訴訟において無
効原因として主張し得る事由の範囲の解釈」と釈明する[43]。しかし，
この釈明は苦しい。当該拡張解釈には無理があり，制度の不合理を

────────────

(43)　最決平成24年11月30日判時2176号27頁。

II　市民の参政基盤としての客観訴訟制度

免れ得ない。被告は，中央選挙管理会・選挙管理委員会であり，法律・条例の改正を権限としていない。係争の選挙を無効とした場合における被告その他関係機関の具体的措置等の後始末を定める規定が存在しない。議員定数配分規定違憲判断の後始末として，最高裁は，公選法が219条1項で明確に準用を排した行訴法31条の事情判決制度を「一般的な法の基本原則」として適用した[44][45]。最高裁の無理に比して，3で述べたように，議員定数配分規定改正への実効性は乏しい。

しかしながら，議員定数配分規定の違憲性・違法性を主張してその改正を求める訴えの適法性に関する判例法理は既に確定している。「一般的な法の基本原則」としての事情判決の法理も反復されている。確かに，選挙制度の改正にかかる新しい民衆訴訟を立法で創設することには困難が予想される。選挙にかかっては立法者が現職の議員として既得権益を有する一方の当事者だからである。そうであるとすれば，現行の選挙訴訟を基にして，最高裁のこれまでの解釈的努力を受け入れ，それと連続性を保つ，実効力を有する訴訟制度として，議員定数配分規定改正への司法的アプローチの展開が図られなければならない。実行力の付与が肝要である。この点については，第6章で検討する。

(3)　地自法12条2項「日本国民たる普通地方公共団体の住民は，

――――――――――

(44)　この点につき，第6章参照。

(45)　昭和51年衆院選大法廷判決が，「一般的な法の基本原則」としての事情判決の法理を適用した最初の裁判例である。

この法律の定めるところにより，その属する普通地方公共団体の事務の監査を請求する権利を有する」に基づいて，選挙権を有する者は，政令で定めるところにより，その総数の50分の1以上の者の連署をもって，その代表者から，普通地方公共団体の監査委員に対して，当該普通地方公共団体の事務の執行に関し，監査すべき事項を示して，監査の請求をすることができる（自治75条1項）。監査は，議会及び執行機関の担当する一切の事務に及び，また自治事務であると法定受託事務であると問わない。監査の請求があったときは，監査委員は，直ちに当該請求の要旨を公表しなければならない（同条2項）。監査委員は，請求に係る事項につき監査し，監査の結果に関する報告を監査委員の合議で決定し，これを代表者に送付し，かつ，公表するとともに，当該普通地方公共団体の議会及び長並びに関係のある教育委員会，選挙管理委員会，人事委員会若しくは公平委員会，公安委員会，労働委員会，農業委員会その他法律に基づく委員会又は委員に提出しなければならない（同条3項・4項）。

　事務監査の請求とは別に，地自法は住民監査請求の制度を設けている（自治242条）。当該普通地方公共団体の住民であれば誰でも単独で行うことができる。請求の対象となる事項は，当該普通地方公共団体の財務会計上の行為に限られる（同条1項）。請求があった場合において，監査委員は，60日以内に，監査を行い，当該請求に理由がないと認めるときは，理由を付してその旨を書面により請求人に通知するとともに，これを公表し，当該請求に理由があると認めるときは，当該普通地方公共団体の議会，長その他の執行機関

Ⅱ　市民の参政基盤としての客観訴訟制度

又は職員に対し期間を示して必要な措置を講ずべきことを勧告するとともに，当該勧告の内容を請求人に通知し，かつ，これを公表しなければならない（同条5項・6項）。

　住民監査請求の実効性は，住民訴訟によって担保されている。すなわち，住民監査請求に基づく監査の結果若しくは勧告に不服のあるとき，勧告された必要な措置が行われないとき，あるいは60日以内に監査・勧告が行われないときは，住民訴訟が提起される（自治242条の2第1項柱書）。他方，事務監査請求には，住民監査請求に対応する住民訴訟のような実効性を保障する司法的担保がない。「事務監査請求は，住民の請求によって，事務処理の実態とそれに対する監査委員の判断を明らかにし，住民の監視と批判のもとに自治行政の適正をはかることを狙いとした制度である」[46]。事務監査請求の対象には財務会計上の行為も含み，その制度は，住民監査請求と同旨であり，当該地方公共団体の事務の適正化を図る上で，同様に重要な役割を有する。事務監査請求は請求手続きが煩雑な割に効果が乏しく，現実にはほとんど機能していないと指摘されている[47]。事務監査請求にも，住民監査請求に対応する住民訴訟制度のような実効性を保障する司法的担保が必要とされよう。住民監査請求の対象とされない事務監査請求の対象たる行為にかかる司法統制

---

(46)　原田尚彦『〈新版〉地方自治の法としくみ　改訂版』（学陽書房，2005年）229頁

(47)　木佐茂男＝田中孝男編著『自治体法務入門　第4版』（ぎょうせい，2012年）253頁。

第4章　訴権としての参政権

の途は，住民訴訟と相まって，住民が，公選による代表者を介さず
に，当該地方公共団体の政策形成に直接影響を及ぼすことのできる
有力な制度となり得よう。

　なお，住民監査請求は，当該普通地方公共団体のすべての住民に
開かれているが，事務監査請求は国籍を要件としている。しかし，
当該普通地方公共団体の住民の監視と批判のもとに，当該普通地方
公共団体の自治行政の適正をはかる制度への参加に国籍を資格とす
る合理性はない。制度の活用のために，署名数を減ずることも検討
されてよい。

　(4)　日本弁護士連合会（以下「日弁連」という）は，2012年6月
15日に「環境及び文化財保護のための団体による訴訟等に関する
法律案（略称「環境団体訴訟法案」）」を公表した[48]。日弁連は，同法
案を行訴法42条所定の「法律」として，客観訴訟である団体訴訟
を定める。経済・社会・文化的な発展と現在及び将来世代の環境へ
の影響とのバランスをとるための訴訟は，正に，第3章2(2)で説い
た利益再調整型司法としての客観訴訟に適するものである。団体の
訴訟追行能力は，費用の負担また構成員の情報・知識・行動などに
おいて，個人より強力である。

　同法案は，これまで主観訴訟の枠組みの下で司法救済が得られな
かった集団的・社会的利益への違法な侵害に対して，司法統制の機
会を確実に与えるべく，一定の団体に原告適格を付与する団体訴訟

────────────

　(48)　https://www.nichibenren.or.jp/library/ja/opinion/report/data/.../
　　opinion_120615_3.pdf（last visited February 23, 2019）.

137

II　市民の参政基盤としての客観訴訟制度

制度を創設し，これに関する訴訟手続の特則を規定する（1条）。提
訴は，環境保護活動・文化財保護活動等を行う団体のうち内閣総理
大臣等の認定を受けた適格環境団体による（2条）。適格環境団体は，
当該団体の目的に関連する行政処分について，行訴法9条1項，同
法36条，同法37条の2第3項及び同法37条の4第3項の規定に
かかわらず，同法3条に定める抗告訴訟を提起することができる
（5条）。行政処分が介在しない場合，法令に違反する開発，建築物
の撤去等の事実行為を行おうとする者又はそのおそれのある者に対
し，当該行為の差止め，撤廃又は原状回復の請求に係る訴えを提起
することができる（3条・6条）。仮の救済の申立てをすることがで
きる（7条）。訴訟の目的は，個人的な利益の救済や補償ではなく，
公共や将来世代の利益のために脅かされている環境の損害を回復し，
復元し，将来に向けて保全することにある。

　法案は，団体訴訟が提起されたり，判決の言渡しがあったりした
場合に，裁判所がホームページ等でその事実を公表すべきことも定
めている（20条）。日弁連は，「これにより，関連する適格環境団体
による別訴提起や訴訟参加，重複訴訟について適切な処理をする機
会を与える趣旨である。また，制度運用の適正についてのチェック
も期待しうる」と説明している。さらに，住民訴訟にかかる地自法
242条の2第12項と同様に，弁護士報酬等の負担の特例を設ける。
「裁判所は，団体訴訟を提起した適格環境団体が勝訴（一部勝訴も含
む。）した場合において，その委任した弁護士又は弁護士法人に報
酬を支払うべきときは，敗訴した被告に対し，申立てにより，事案

第 4 章　訴権としての参政権

の難易，弁護士の労力その他の事情を勘案し，その報酬額の範囲内で相当と認められる額を支払わせることができる」（21条1項）。原告の訴訟費用を軽減することが，公益のために提訴される環境団体訴訟の成功の鍵であろう。

(5)　以上の他にも，福祉・教育・エネルギーなど，訴権としての参政権行使の認識が有益であり得る政策分野が存する。訴権としての参政権行使は，政治領域への法的統制を通じて，政策形成に直接影響を及ぼし得る。提訴によってしか為政者に届かない市民の声がある。

6　おわりに──司法権のミッション

司法権は自らのイニシアティブで政治領域に法的コントロールを及ぼすことはないが，提訴によってそれを求められることがある。納税者訴訟・選挙訴訟は，古典的な司法権による政治領域への適法性コントロールである。

わが国の司法権は，伝統的に，政治領域への介入に抑制的である。わが国の司法権は，政治への不介入が裁判所の政治的中立性を保つとの姿勢を堅持している。

しかし，今日，政治的権力を法的にコントロールし得るもう一つ別の国家権力としての司法権への期待が，市民の間で，高まっている。訴権としての参政権は，この期待と照応する。

司法権による政治領域への法的統制に際して，第一に留意すべき

139

Ⅱ　市民の参政基盤としての客観訴訟制度

は，司法権こそ，政治領域が遵守すべき憲法秩序の最終決定者であるということである。第二に，司法権が政治的権力に対する統制権力であるためには，裁判官の任命・昇進が政治的にコントロールされてはならないということである。

参政への司法的アプローチは，市民と政治的権力との判断が相反し対立する場合に，両者の間に第三者として，もう一つ別の国家権力の介在を求めることを可能とする。市民の司法権への期待は高まる一方である。

第5章　選挙規定・立法過程・司法審査

1　はじめに——本章の目的

　民主主義と司法審査の関係を著すジョン・H・イリィも，「権力にある者は，物事の現状を維持することに対し既得利益を有している」[1]，「選挙された代表者達の誘因は，……彼らを議員たらしめている配分を，それが良かれ悪しかれ，維持することに向けられている」[2]と述べるごとく，立法府による自由にして公正な選挙制度づくりがなかなか困難であることは，よく知られた事実である。目先の必要に応じた小幅な修正であったり，ただ無為の裡に放置されていたり，あるいは然したる議論もなく突然に新制度が採用されたり，民主主義のシステムとして問題は深刻である。

　選挙制度を構築するにあたり，立法府は，確かに，実体的にも手続的にも，広範な裁量権を憲法によって付与されている。しかし，いかに広い裁量権といえども無制約ではない。憲法の趣旨に反し，裁量権の範囲を超え又はその濫用があった場合には，当該制度は違憲となる。

　憲法81条は，「最高裁判所は，一切の法律，命令，規則又は処分

---

(1)　ジョン・H・イリィ（佐藤幸治＝松井茂記訳）『民主主義と司法審査』（成文堂，1990年）193頁。

(2)　イリィ・前掲注(1)194頁。

141

Ⅱ 市民の参政基盤としての客観訴訟制度

が憲法に適合するかしないかを決定する権限を有する終審裁判所である」として，司法府の違憲立法審査を含む司法審査権を規定するが，当該権限の行使に際して，司法府は，実体面のみならず手続面の審査も可能とされなければならない。

本章は，自由にして公正な選挙制度づくりのために，立法過程の司法審査が，いかに必要かつ有益であり得るかを説くことを目的としている。

なお，本章の考察は，国会の立法過程に関するものであるが，地方議会の立法過程について，地方議会の裁量権は高度な自律権を有する国権の最高機関のそれよりも司法審査になじみやすい。

2 選挙規定の立法過程と与党・現職議員

(1) 平成13年7月29日に施行された第19回参議院議員通常選挙の無効請求事件のなかで，合憲性が問われた公職選挙法（以下「公選法」という）の改正審議のあり様は，選挙規定という現与党の権益が絡んだ法案審議の不合理性を如実に示している。改正は，参議院議員選挙につき非拘束名簿式比例代表制の採用を目論むものであった。

本件の第1審である東京高等裁判所[3]において，原告らによって「国会に付与された立法裁量権の合理的な行使の範囲を逸脱する」

―――――――――

(3) 東京高判平成14年10月30日民集58巻1号38頁。

142

第 5 章　選挙規定・立法過程・司法審査

と指摘された本件立法過程は，原告らが示すごとく，以下の様で
あった。

　「参議院選挙制度改革に関する協議会において，当面は拘束名簿式
　比例代表制を維持することを前提に議論を進めていくこととされて
　いたものが，平成 12 年 6 月実施の総選挙において与党が不振であっ
　たため，平成 13 年実施の参議院議員通常選挙で与党の過半数割れが
　必至となることに危機感を抱き，突如与党によって本件非拘束名簿
　式が提出されたものであり，参議院において，与党は特別委員会の
　設置を強行し，議長職権で委員を任命するなどし，与党のみで審議
　することわずか 4 日で委員会強行採決を行い，齋藤参議院議長の
　あっせん案も拒絶し，与党のみの本会議開会に同議長が応じないと，
　議長を解任して与党のみで法案を可決させた。そして，衆議院でも
　わずか 3 日の議論の後，採決を強行して改正法を成立させた。」

　原告らは，当該立法過程の司法審査を求めて，「国会が改正法を
制定する過程において，前記立法目的を達成する手段として，他に
どのような選択肢を挙げ，他の選択肢をも考慮した結果，本件非拘
束名簿式がいかなる意味で国民の選挙権を十全ならしめる方法とし
て選択されたのか，その審議経過が合理的な判断に基づき行われた
ものであるかは，国会の立法裁量権の行使の合理性の審査であり，
当然に司法審査が及ぶ事項である」と主張した。

　この請求に対して，上告審である最高裁判所（以下「最高裁」と
いう）大法廷は，平成 16 年 1 月 14 日民集 58 巻 1 号 1 頁（以下「平
成 16 年参院選大法廷判決①」という）において，「所定の手続にのっ
とって可決成立した法律の効力が国会における審議の内容，経過に

143

Ⅱ　市民の参政基盤としての客観訴訟制度

より左右される余地はない」[4]と判示した。

　(2)　当該判決は，警察法（昭和29年法律162号）の無効が争われた最大判昭和37年3月7日民集16巻3号445頁[5]に沿うものである。同法の無効理由として，同法を可決したとされる参議院の議決は無効であって同法は法律としての効力を生じていない，と主張された。すなわち，第1審大阪地方裁判所[6]で，原告ら曰く，「新警察法は，昭和29年6月7日参議院の議決を経て成立したものとして公布されているのであるが，第19回国会は3回にわたる会期延長の末，同年6月3日会期を終り閉会となつたもので，右6月7日国会は閉会中で，その日の参議院の議決は無効であり，これに基く新警察法も無効というほかはない」と。無効とされる立法過程は，原告らの示すごとく，以下の様であった。

　「右会期の最終日たる6月3日の衆議院の議場は議員の乱闘により大混乱となり会議をひらくことができず，衆議院議長は議場に入れないまま，議長席後方のドアを2，3寸開いて2本の指を出し，2日間延長と呼んだが，近くの数人にしか聞えず，これを聞いた自由党議員が拍手したのに応じ，同党の議員2，30人位が拍手したにすぎない。しかるに，これをもつて会期を2日間延長する議決があつたものとして，衆議院から参議院に通告され，これによつて参議院は新警察法を審議可決したものであるが，右会期延長の議決とされた

─────────────

(4)　裁判官全員一致の意見である。

(5)　上告人らが，被上告人府知事に対し，地方自治法243条の2第4項（昭和38年法律99号による改正前のもの）に基づいて，警察予算の支出禁止を求めて提訴した住民訴訟の上告審である。上告人は，無効な法律に基づく支出として本件支出は違法であると主張した。

(6)　大阪地判昭和30年2月15日民集16巻3号464頁。

第 5 章　選挙規定・立法過程・司法審査

ものは，議長が議長席にもつかず開会の宣言もせず，議事日程も配
布せず，議案を議題とする宣言もせず，議員に発言の機会も与えず，
議題を明らかにして起立等の方法による表決をとることも，その表
決の結果を宣告することもしなかった等，これらの点を規定する衆
議院規則にまつたく適合せず，議決としての効力をみとむべくもな
い。従つて同日の会議は流会となり，会期は同日で終り，国会は閉
会となつたとみるほかはない。」

　この事件は多くの識者によって検討されている[7]が，当該延長議
決の無効はほぼ一致した論調である。そして，係争の警察法は，参
議院で議決したとはいえず，その立法過程には憲法違反の疑いがあ
ると批判されている。

　しかし，最高裁大法廷は，立法過程の司法審査につき，「同法は
両院において議決を経たものとされ適法な手続によつて公布されて
いる以上，裁判所は両院の自主性を尊重すべく同法制定の議事手続
に関する所論のような事実を審理してその有効無効を判断すべきで
ない。従つて所論のような理由によつて同法を無効とすることはで
きない」と判示した[8]。本件は，国会の議事手続ないし立法過程の
司法審査について，最高裁が初めて判断を示したものである。

---

(7)　田中二郎・海野普吉・吉井晃・鵜飼信成の各氏による社会党・特別調
　査委員会における参考意見と討議「無効の議決と裁判所の権限」法時 26
　巻 8 号（1954 年）18 頁以下，宮沢俊義＝鈴木竹雄＝田中二郎＝兼子一
　「〔座談会〕延長國会をめぐる法律問題——延長決議の無効，警察法の問題
　を中心として——」ジュリ 61 号（1954 年）2 頁以下など。
(8)　第 1 審（前掲注(6)）・控訴審（大阪高判昭和 30 年 8 月 9 日民集 16 巻 3
　号 472 頁）は，この点について触れていない。

Ⅱ　市民の参政基盤としての客観訴訟制度

3　判断過程の司法審査——行政裁量と手続的審査方式

　(1)　立法過程の司法審査を検討するに際して，行政裁量の判断過程に対して考案された手続的審査方式を知ることは有益である[9]。

　判断過程の手続的審査方式とは，実体判断代置方式に対するものであり，裁判所が実体面よりもむしろ行政判断の手続過程に重点を置いた審査を実施し，行政判断が法律の予定したプロセスを踏んで，適正を疑われないような方法で実施されたかどうかを中心に審査を進めるやり方である。最高裁は，平成4年にいわゆる伊方原発訴訟上告審判決[10]で，「原子炉施設の安全性に関する判断の適否が争われる原子炉設置許可処分の取消訴訟における裁判所の審理・判断は，原子力委員会若しくは原子炉安全専門審査会の専門技術的な調査審議及び判断を基にしてされた被告行政庁の判断に不合理な点があるか否かという観点から行われるべきであって，現在の科学技術水準に照らし，右調査審議において用いられた具体的審査基準に不合理な点があり，あるいは当該原子炉施設が右の具体的審査基準に適合するとした原子力委員会若しくは原子炉安全専門審査会の調査審議及び判断の過程に看過し難い過誤，欠落があり，被告行政庁の判断がこれに依拠してされたと認められる場合には，被告行政庁の右判

---

(9)　行政裁量判断過程の手続的審査方式について，原田尚彦『行政法要論全訂第7版［補訂2版］』（学陽書房，2012年）153〜155頁，411〜413頁が，分かりやすく説いている。

(10)　最判平成4年10月29日民集46巻7号1174頁。

146

第5章　選挙規定・立法過程・司法審査

断に不合理な点があるものとして，右判断に基づく原子炉設置許可
処分は違法と解すべき」として，安全審査の判断過程を手続的に審
査した[11]。

　手続的審査方式を提唱した先駆は，昭和38年いわゆる群馬中央
バス事件の第1審東京地裁判決[12]である。

　「行政庁が国民の権利自由の規制にかかる処分をするにあたつて，
　……いかなる手続を採用するかを一応行政庁の裁量に委ねているよ
　うにみえる場合でも，この点に関する行政庁の裁量権にはなんらの
　制約がないものと解することはできない。」「その手続は，行政庁の
　恣意，独断ないし他事考慮の介入を疑うことが客観的にもつとも
　と認められるようなものであつてはならず，かえつて，裁判所の司
　法審査の及ぶ範囲が行政庁の裁量権によつて狭められるだけに，手
　続過程の司法審査ということがいつそう重視されなければならな
　い……。」

　さらに，昭和48年いわゆる日光太郎杉事件の控訴審[13]で，東京

(11)　本件にかかる具体的な手続的審査の態様につき，松山地判昭和53年4
　　月25日行集29巻4号588頁。
(12)　東京地判昭和38年12月25日民集29巻5号715頁（一般乗合旅客自
　　動車運送事業の免許申請却下処分取消請求事件）。本件の上告審（最判昭
　　和50年5月29日民集29巻5号662頁）は，諮問の経由を必要とする行
　　政処分が諮問を経てされた場合においても，当該諮問機関の審理，決定
　　（答申）の過程に重大な法規違反があることなどによりその決定（答申）
　　自体に法が右諮問機関に対する諮問を経ることを要求した趣旨に反すると
　　認められるような瑕疵があるときは，右行政処分は，違法として取消を免
　　れない，と判示する。参照，最判昭和46年10月28日民集25巻7号1037
　　頁（個人タクシー事業の免許申請の審査と公正手続）。
(13)　東京高判昭和48年7月13日行集24巻6＝7号533頁。土地収用法に
　　よる建設大臣の事業認定を同法20条3号にいう「土地の適正且つ合理的

147

Ⅱ　市民の参政基盤としての客観訴訟制度

高等裁判所が「控訴人建設大臣が，この点の判断をするについて，或る範囲において裁量判断の余地が認めらるべきことは，当裁判所もこれを認めるに吝かではない。しかし，この点の判断が……諸要素，諸価値の比較考慮に基づき行なわるべきものである以上，同控訴人がこの点の判断をするにあたり，本来最も重視すべき諸要素，諸価値を不当，安易に軽視し，その結果当然尽すべき考慮を尽さず，または本来考慮に容れるべきでない事項を考慮に容れもしくは本来過大に評価すべきでない事項を過重に評価し，これらのことにより同控訴人のこの点に関する判断が左右されたものと認められる場合には，同控訴人の右判断は，とりもなおさず裁量判断の方法ないしその過程に誤りがあるものとして，違法となる」と判示したことがつとに著名である[14]。

　な利用に寄与するものであること」の要件を充たしていない違法があると判定した事例。

(14)　行政裁量の判断過程に手続的審査方式をとる裁判例は近年とみに増加している。原田・前掲注(9)412〜413頁が分析するように，手続的審査を徹底して都市計画決定を取り消した小田急高架訴訟の第1審である東京地判平成13年10月3日判時1764号3頁，原発の設置許可を無効としたもんじゅ原発訴訟の控訴審である名古屋高金沢支判平成15年1月27日判時1818号3頁などが注目される。なお，小田急高架訴訟上告審判決（最判平成18年11月2日民集60巻9号3249頁）で，最高裁は，「裁判所が都市施設に関する都市計画の決定又は変更の内容の適否を審査するに当たっては，当該決定又は変更が裁量権の行使としてされたことを前提として，その基礎とされた重要な事実に誤認があること等により重要な事実の基礎を欠くこととなる場合，又は，事実に対する評価が明らかに合理性を欠くこと，判断の過程において考慮すべき事情を考慮しないこと等によりその内容が社会通念に照らし著しく妥当性を欠くものと認められる場合」には，

第5章　選挙規定・立法過程・司法審査

(2)　わが国の伝統的行政法システムは，実体法中心に法治行政の原理を構成し，手続的規制は実体的に正しい行為を生み出すための手段とのみ理解してきた。しかし，国民は，実体的に正しい行為を求める権利とともに，それを正しい手続によって要求する手続的権利を有する。そもそも，正しい手続きによってのみ，正しい行為が生み出される。行政主体は，手続面での人権の保障を軽視してはならない。前記群馬中央バス事件の東京地裁判決はこの旨を明快に説く。

　「国民の基本的人権は，公共の福祉に反しない限り，国政の上で最大の尊重を必要とする（憲法第13条）ものであるが，国民の権利，自由の保障は，これを主張し擁護する手続の保障と相いまつて初めて完全，実質的なものとなり得るのであるから，国民の権利，自由は，実体的にのみならず，手続的にも尊重されなければならないことは当然であつて，この憲法の規定は，同法第31条と相いまつて，国民の権利，自由が，実体的にのみならず手続的にも尊重さるべきことを要請する趣旨を含意するものと解さねばならない。」

(3)　手続的審査方式は，関係人の行政参加のもとに民主的に決定された政策的措置の内容が問題となっている場合の司法審査方式として有益であると評価されている[15]。このような決定の内容を裁判所が独自の価値判断で代置することは，非民主的であり，司法の行き過ぎと非難されよう。実体判断代置方式は，裁判官の判断を終局

「裁量権の範囲を逸脱又はこれを濫用したものとして違法となる」と判示する。

(15)　原田・前掲注(9)153～155頁，411～413頁。

149

Ⅱ　市民の参政基盤としての客観訴訟制度

的なものとする審理方式である。

　手続的審査方式は，当該決定の実体的適法性に触れるものではな
い。手続的瑕疵を理由とする取消判決は，一旦当該決定を取り消し
て，判決の趣旨に従い，適正な手続的過程を経て改めて決定するこ
とを命ずるものである（行訴33条3項参照）。やり直しの結果，同
一の決定となることもあり得る。

4　選挙規定・立法過程・司法審査

　(1)　平成13年7月29日施行の参議院議員選挙について，改正公
選法（平成12年法律118号）の議員定数配分規定（選挙区及び議員定
数の定め）の合憲性が問題となった。この改正の結果，いわゆる逆
転現象は消滅したが，国勢調査結果による人口に基づく選挙区間の
議員1人当たりの人口の最大較差は1対4.79であって，改正前と
変わらず，本件選挙当時の最大較差は1対5.06となっていた。本
件選挙無効請求事件の最大判平成16年1月14日民集58巻1号56
頁[16]（以下「平成16年参院選大法廷判決②」という）における藤田宙
靖裁判官ほか3裁判官の補足意見は，上記3のような行政裁量の判
断過程にかかる手続的審査方式の考え方を，立法府の立法裁量の判

―――――――――――

(16)　本件多数意見は，「本件改正は，憲法が選挙制度の具体的な仕組みの
　　決定につき国会にゆだねた立法裁量権の限界を超えるものではなく，本件
　　選挙当時において本件定数配分規定が憲法に違反するに至っていたものと
　　することはできない」とする。

150

第5章　選挙規定・立法過程・司法審査

断過程に応用しようとするものである。

　4裁判官は，「立法裁量権の行使については，憲法の趣旨に反して行使してはならないという消極的制約が課せられているのみならず，憲法が裁量権を与えた趣旨に沿って適切に行使されなければならないという義務もまた付随しているものというべき」であり，「結論に至るまでの裁量権行使の態様が，果たして適正なものであったかどうか，……といった問題は，立法府が憲法によって課せられた裁量権行使の義務を適切に果たしているか否かを問うものとして，法的問題の領域に属し，司法的判断になじむ事項として，違憲審査の対象となり得るし，また，なされるべきものである」と主張する。

　そして，立法裁量の判断過程を手続的に審査する基準として，①様々の要素を考慮に入れて時宜に適した判断をしなければならないのに，いたずらに旧弊に従った判断を機械的に繰り返しているといったことはないか，②当然考慮に入れるべき事項を考慮に入れず，又は考慮すべきでない事項を考慮し，又はさほど重要視すべきではない事項に過大の比重を置いた判断がなされてはいないか，の2点を提示する。

　さらに，②の基準につき，様々の要考慮事項の中で，特に重きを置くべきものとそうでないもの，とりわけ，それぞれの事項の憲法上の位置付けの相違等を十分に考慮に入れた政策判断がなされて来たかどうか（③），ということも違憲審査の対象になり得ると指摘する。

151

II 市民の参政基盤としての客観訴訟制度

そして，4裁判官は，本件参議院議員定数配分規定の立法過程の違憲性を判断基準①②③に沿って，以下のように具体的に審査すべきとする。

第一に，当初の人口分布が大きく変わり，三要素（地域的利益，半数改選制，人口比例）間における均衡が著しく崩れたにもかかわらず，このことに全く配慮することなく，ただ無為の裡に放置されて来たのではないか。

第二に，投票価値の平等のように，憲法上直接に保障されていると考えられる事項と，立法政策上考慮されることは可能であるが憲法上の直接の保障があるとまではいえない事項，例えば，地域代表的要素あるいは都道府県単位の選挙区制等があるが，判断に当たっては，当然，憲法上直接の保障がある事項，とりわけ国民の基本的人権の一つである投票価値の平等が重視されなければならないが，そのようであるか否か。

第三に，裁量判断に際して重視されるべきと考えられる投票価値の平等が大きく損なわれている状況の下で，偶数配分制を維持し，また，地域の固有性を反映させることを前提としつつ，その改善を図ろうとするならば，現行制度の在り方，すなわち選挙区として都道府県を唯一の単位とする制度の在り方自体を変更しなければならなくなることは自明のことであるが，それにもかかわらず，立法府が一向にそういった作業に着手しないのは，何をどのように考慮してのことであるのか，また，そこには合理的な理由が認められるか否か。

152

第 5 章　選挙規定・立法過程・司法審査

　4 裁判官は，「我が国の立法府は，これまで，上記の諸問題に十分な対処をしてきたものとは到底いえず，これらの問題について立法府自らが基本的にどう考え，将来に向けてどのような構想を抱くのかについて，明確にされることのないままに，単に目先の必要に応じた小幅な修正を施して来たにとどまるものといわざるを得ない。これでは，立法府が，憲法によって与えられたその裁量権限を法の趣旨に適って十分適正に行使して来たものとは評価し得ず，その結果，立法当初の選挙区間における議員 1 人当たりの選挙人数の較差からはあまりにもかけ離れた較差を生じている現行の定数配分は，合憲とはいえないのではないかとの疑いが強い」とする。

　(2)　立法過程の司法審査に際して問題となるのは，議院自律権[17]との関係である。議院の自律権とは，各議院が他の議院や行政，司法機関の干渉を受けることなく，自主的に内部の運営を決定し，行動する権限をいう。

　東京高判・注(3)において，被告は，本件非拘束名簿式比例代表制の立法過程の司法審査を請求する原告らに対して，議院自律権を主張して曰く，「憲法は，権力分立の原理に立ち（41 条，65 条，76条参照），立法権を衆参両議院をもって構成される国会に帰属させ（41 条），全国民を代表する議員によって組織された各議院の存立，

---

(17)　議院自律権につき，大石眞『議会法』（有斐閣，2001 年）155〜163 頁，大山礼子『国会学入門第 2 版』（三省堂，2003 年）237〜243 頁が簡潔に説明する。参照，大石眞「議院自律権」『別冊法学教室　憲法の基本問題』（1988 年）94〜101 頁。大石眞『議院自律権の構造』（成文堂，1988 年）は，このテーマに関する本格的な研究書である。

Ⅱ　市民の参政基盤としての客観訴訟制度

運営を外部の干渉，妨害から保護する必要があるため，各議院は議院の組織，議事運営その他議院の内部事項について，他の国家機関から干渉・介入されることなく自主的に決定し，自ら規律する機能たるいわゆる議院の自律権を有する（58条2項本文，同条1項，55条，50条，国会法55条以下，114条，116条参照）。そして，衆参各議院における法律案の議事手続に至る経緯の適否は，各議院に認められた自律権の範囲内の事項であり，司法審査の対象とはならない。国会の活動は，本来，政治的なもので，むしろ国会内の自由な活動をもって支えられるから，その中での問題の収拾も国会の自主的な政治的努力によるべきであり，この意味でも，議院内の問題は裁判所の審査を通して是正すべきものではなく，むしろ広く国民の政治的批判に待つべき問題である」と。

　(3)　議院の自律権は，各議院の憲法上独立した地位に由来する。憲法が議院に自律権を認めている以上，その範囲では，司法権の介入は及ばない。しかし，平成16年参院選大法廷判決②において藤田裁判官らが述べるように，立法府が立法過程において憲法によって課せられた裁量権行使の義務を適切に果たしているか否かを問うことは，法的問題の領域に属し，立法裁量の判断過程の手続的審査として，司法的判断になじむ事項であり，違憲審査の対象となり得るし，また，なされるべきものである。

　憲法81条が司法府に付与する司法審査権の行使において，具体的事件の提訴を契機として，当事者の主張に応じて，立法過程すなわち立法裁量の判断過程の手続的審査が可能とされなければならな

い。憲法の遵守は，実体的のみならず，手続的にも保障されてはじめて完全なものとなる。

確かに，両院の議事手続は，自律権に属する。しかし，前出（(2)(2)）の警察法無効訴訟のような場合，あのような議事手続で行われた立法過程において，立法府が憲法によって課せられた裁量権行使の義務を適切に果たし得たか否かが問題とされることになる。法律案提出についての衆議院の議事手続が問題となった東京高判平成9年6月18日判時1618号69頁[18]は，「法律案の議事手続を含め，議院の自律権の範囲内に属する事項についての議院の取扱いに，一見極めて明白な違憲無効事由が存在する場合には，裁判所の審判の対象とする余地がある」ことを示唆する[19]。

(4) 平成16年参院選大法廷判決②の藤田裁判官らの補足意見に対して，最高裁調査官解説[20]において，「具体的には，様々の要素

---

(18) 衆議院議員であった控訴人は本件法律案を衆議院事務局に提出したが，同事務局が，衆議院においては議員による法律案の発議にはその所属会派の機関承認を必要とするという先例が存在するとして，本件法律案の提出に当たって控訴人の所属する会派の機関承認を得ていないことを理由に，受理法律案としての取扱いをしなかったため，その結果控訴人が損害を被ったと主張して，控訴人が被控訴人国に対し損害賠償を求めた事案。

(19) 「議事手続の司法審査」として論じられてきた問題にかかる学説の状況は，横田耕一「国会の自律権と議事手続」ジュリ638号（1977年）155頁，小嶋和司「議会の行為と司法審査」行政判例百選Ⅱ（1979年）336〜337頁，毛利透「立法手続と司法審査」憲法判例百選Ⅱ〈第5版〉（2007年）412〜413頁に簡潔に纏められている。そこに引用される文献とともに参照。

(20) 福井章代「判解」最高裁判所判例解説民事篇平成16年度(上)40頁。

II 市民の参政基盤としての客観訴訟制度

を考慮に入れて時宜に適した判断をしなければならないのに，いたずらに旧弊に従った判断を機械的に繰り返しているといったことはないか，当然考慮に入れるべき事項を考慮に入れず，又は考慮すべきでない事項を考慮し，又はさほど重要視すべきではない事項に過大の比重を置いた判断がなされてはいないか，といった点を問題にしているが，これらの諸点を十分に考慮した上での立法であれば，その内容が選挙区間におけるかなりの人口較差を許容するものであっても合憲であるといえるのか，合憲とするならば，その理由はなぜなのかが問われよう」と批判されている。

　しかし，手続的に違憲であっても，実体的に合憲とされる立法はあり得るし，逆に，手続的に合憲であっても，実体的には違憲とされる立法もあり得る。当該立法の手続的合憲性と実体的合憲性は別のものである。手続的に合憲とされても，当事者は，実体の違憲性を主張することを妨げられない。手続的に合憲であっても，実体的に違憲な立法は無効である。手続的に違憲性を帯びるものであっても，実体的合憲性が明らかであれば，当該立法は必ずしも無効ではない。

　藤田裁判官らは，実体的合憲性を充たす立法を得るために，立法過程の手続的合憲性を重視する。上記解説の批判について，「『投票価値の平等』は『憲法上直接に保障されていると考えられる事項』とされているのだから，それを『十分に考慮した上で』あれば『かなりの人口較差を許容する』立法ができるはずはない，と反論され

第 5 章　選挙規定・立法過程・司法審査

ることになるのではないか」[21]との指摘がある。

　(5)　ところで，作為的な立法過程と異なって，立法の不作為を法的に評価することは容易ではない。

　1 票の較差が 1 対 5.26 に開いた昭和 52 年 7 月 10 日施行の参議院議員選挙当時の議員定数配分規定の合憲性を問われた選挙無効請求事件において，事実関係（人口状況）の変動にもかかわらず 27 年余にわたり定数を是正しないという不作為は立法裁量権の限界を超えるか否かということが争点となった。最高裁大法廷の多数意見[22]は，「社会的，経済的変化の激しい時代にあつて不断に生ずる人口の異動につき，その政治的意味をどのように評価し，政治における安定の要請をも考慮しながら，これをいつどのような形で選挙区割，議員定数の配分その他の選挙制度の仕組みに反映させるべきか，また，これらの選挙制度の仕組みの変更にあたつて予想される実際上の困難や弊害をどのような方法と過程によつて解決するかなどの問題は，いずれも複雑かつ高度に政策的な考慮と判断を要求するものであつて，その決定は，これらの変化に対応して適切な選挙制度の内容を決定する責務と権限を有する国会の裁量に委ねられているところである」として，「国会が本件参議院議員選挙当時までに地方選出議員の議員定数の配分を是正する措置を講じなかつたことをもつて，その立法裁量権の限界を超えるものとは断じえず，右

---

(21)　渡辺康行「立法者による制度形成とその限界——選挙制度，国家賠償・刑事補償制度，裁判制度を例として——」法政 76 巻 3 号（2009 年）41 頁。

(22)　最大判昭和 58 年 4 月 27 日民集 37 巻 3 号 345 頁。

157

Ⅱ　市民の参政基盤としての客観訴訟制度

選挙当時において本件参議院議員定数配分規定が憲法に違反するに
至つていたものとすることはできない」とする。

　しかし，現実に生じている投票価値の不平等が，真剣に議論すべ
きことをせずに無為の裡に放置した単なる不作為の故であるのか，
それとも何らかの政策ないし理由を反映した結果の立法不作為であ
るかどうかの判断の手掛かりを掴むことは容易ではない。

　団藤重光裁判官は，反対意見の中で，「本件参議院議員定数配分
規定については，昭和 46 年に沖縄関係の改正があつたのを別論と
すれば，昭和 25 年の公職選挙法制定以来，本件選挙にいたるまで
実に 27 年余の長きにわたつて放置されて来たのである」として，
その「国会の怠慢ともいうべき単なる不作為をもその裁量権の行使
に属するものと考えている」多数意見を厳しく糾弾した。そして，
「立法府として，このような事態に対処するためになんらかの検討
をおこなつて，その結果として，較差の存在にもかかわらず議員定
数配分規定の改正は不要であるとの結論に到達したという事実」の
存在は確定されておらず，「国会の立法裁量権の行使として，本件
参議院議員定数配分規定をそのまま維持するという結論に達したも
のとは，とうていみとめることができない」と批判する。

　最大判平成 17 年 9 月 14 日民集 59 巻 7 号 2087 頁[23]は，在外国

---

(23)　上告人らが，在外国民に国政選挙での選挙権行使の全部又は一部を認
　めないことは憲法 14 条等に違反するとして，主位的に平成 10 年法律 47
　号改正前後の公選法の違法確認を，予備的に上告人らが選挙権を有するこ
　との確認を，及び立法府の改正懈怠により上告人らが選挙権を行使するこ
　とができなかったとして国家賠償を請求した事案において，予備的請求に

158

第5章　選挙規定・立法過程・司法審査

民つまり国外に居住していて国内の市町村の区域内に住所を有していない日本国民に国政選挙における選挙権の全部又は一部を認めないことの違憲性等が争われた事件において，「立法不作為が国民に憲法上保障されている権利を違法に侵害するものであることが明白な場合や，国民に憲法上保障されている権利行使の機会を確保するために所要の立法措置を執ることが必要不可欠であり，それが明白であるにもかかわらず，国会が正当な理由なく長期にわたってこれを怠る場合などには」，当該不作為は，国家賠償法1条1項の規定の適用上，「違法の評価を受けるものというべきである」と説示している[24]。

────────────

について，上告人らが次回の衆議院議員総選挙における小選挙区選出議員の選挙及び参議院議員通常選挙における選挙区選出議員の選挙において在外選挙人名簿に基づき投票し得る地位にあることを確認し，国家賠償請求について，立法不作為の結果上告人らが投票できず精神的苦痛を被ったとして，各自に慰謝料5000円の支払を命じた事例。

(24)　同旨，最判平成18年7月13日判時1946号41頁（不安神経症患者による選挙権訴訟上告審判決）。精神的原因による投票困難者に対して選挙権行使の機会を確保することは憲法の命ずるところであるから，国会議員が本件各選挙までに上記機会を確保するための立法措置を執らなかったという立法不作為は，違憲であり，国家賠償法1条1項の規定の適用上，違法の評価を受けると主張して，上告人が，被上告人国に対し，本件各選挙において選挙権を行使できなかったことによる慰謝料等の支払を求める事案。

　再婚禁止期間違憲訴訟大法廷判決（最大判平成27年12月16日民集69巻8号2427頁）は，立法不作為が国家賠償法1条1項の規定の適用上違法の評価を受ける判断基準を「法律の規定が憲法上保障され又は保護されている権利利益を合理的な理由なく制約するものとして憲法の規定に違反するものであることが明白であるにもかかわらず，国会が正当な理由なく

Ⅱ　市民の参政基盤としての客観訴訟制度

　所要の立法措置を執らない不作為の法的評価も不可能ではない。所要の立法措置を執らないことの違憲性は，手続的審査である。

　(6)　裁判所の違憲立法審査の手法として，手続的審査方式は，実体判断代置方式よりもしばしば有用である。選挙によって選ばれた国民の代表による民主的決定の内容を裁判所の独自の価値判断で代置することは，躊躇されるべきところであろう。「裁判所は選挙を通してみずからを民主主義的に正当化しえない機関であるから，裁判所がこの司法審査権を行使するにあたっては，民主主義原理に照らし合わせて限界があると考えるべきである」[25]，「民主主義国家にあっては，司法は，国民の代表たる議会の行った立法の相当性に立ち入って審査すべきではなく，また，違憲判断も慎重であるべきである。立法が賢明であるか否かは，国民が投票所における投票によって審査すべきことであり，不賢明な立法の是正は，投票と民主政の過程にゆだねるべきである」[26]との見解が通説とされる。

　手続的審査方式は，実体判断代置方式では困難な違憲立法審査を可能にする。手続的審査方式は，規定の内容の実体判断に触れるものではない。当該立法に至る判断過程において，立法府が憲法によって課せられた裁量権行使の義務を適切に果たしているか否かを裁判所が法的に審査するものである。

　実体判断が困難であっても，立法過程が手続的に違憲とされた係

――――――――――――――

　長期にわたってその改廃等の立法措置を怠る場合」と整理している。

(25)　松井茂記『日本国憲法第3版』（有斐閣，2007年）97頁。

(26)　平成16年参院選大法廷判決②中の泉徳治裁判官の追加反対意見。

第5章　選挙規定・立法過程・司法審査

争の規定は，無効となる[27]。

(7)　司法権による立法過程の法的評価は，国会審議の成熟に大いに寄与することを期待される。国民は，立法府の審議・議決の在り方が法的に評価され得るものであることを認識する。呆れて諦めて眺めているだけのものでないことを知る。国民は，立法過程において立法府が憲法によって課せられた裁量権行使の義務を適切に果たしているか否かについて，立法裁量の判断過程の合憲性に関して，司法権に問い得る方途を得る。違憲と判断される立法過程がどのようなものであるかを知り得る。司法権のバックアップを得て，立法過程を監視する有権者の眼が厳しくなる。違憲な審議・議決を繰り返す態度は，有権者の顰蹙を買うことになろう。現職議員は，つぎの選挙で議席を確保しなければならない。そうであるから，自主的に審議・議決に望む姿勢を正すことが期待される。立法過程の合理性が促進する。マス・メディアの報道によって，一連の効果は倍加する。

---

(27)　大石「議院自律権」・前掲注(17)100頁は，「内容審査よりも手続審査の方が重大な結果を招くということに注意する必要があろう。何故なら，前者からは，通常，ある規定のみが無効とされるにとどまるが，後者によれば，多くの条項を含む法律の全体が無効，というより端的にその法律自体が不存在とされる可能性も存する」との懸念を述べる。しかし，係争の規定が手続的に違憲であっても，他の実体的に合憲な条項は無効ではない。そうであれば，係争の規定が，手続的に違憲無効とされるにせよ，実体的に違憲無効とされるにせよ，当該法律の改正にかかる後始末は同様なのではないだろうか。毛利・前掲注(19)413頁は，「違憲判決の効果の問題は，……別途考察すべき問題であると思われる」としている。

Ⅱ　市民の参政基盤としての客観訴訟制度

　司法権による立法過程の法的評価は，国会活動に関する国民の政治的審判に資するものである。違憲性の判断にも拘らず，憲法の趣旨に反する国会活動を繰り返すならば，国民の政治的批判を受けることとなろう。確かに，国会の活動は，本来，政治的なものであり，その是正は議員の自主的な努力を旨とし，その評価は最終的には国民の投票に委ねられるべきものであろうが，しかし，そのことと立法過程の司法審査とは相容れないものではない。

5　おわりに

　立法府が立法過程において憲法によって課せられた裁量権行使の義務を適切に果たしているか否かを，すなわち立法裁量の判断過程を法的問題として司法府が審査することは，与党・現職議員の「エントレンチメント（entrenchment）」[28]が発生しやすい選挙諸法の審議において，とりわけ要請されるところである。選挙制度づくりには，与党・現職議員の恣意が入り込みやすい。選挙制度は，一旦それが歪められると，投票と民主政の過程を通じての国民の政治的批判も十全に機能しづらくなる。すなわち，平成16年参院選大法廷判決②中の追加反対意見において泉徳治裁判官が指摘するように，

―――――――――――――
(28)　木下智史「選挙制度『改革』の動態をみる視点」ジュリ1177号（2000年）65頁「選挙制度は，……選出される議員自らが制度を決定し，現職議員による自己保身のための『エントレンチメント（entrenchment）』が発生しやすいという点からも，その実体的内容についてだけでなく，それがいかに定められたかという『手続的』観点から検証することが重要である」。

第 5 章　選挙規定・立法過程・司法審査

「選挙制度が国民の声を議会に届けるシステムとして正当に構築され，議会が国民代表機関として正当に構成されているということが大前提となって，議会には広範な立法裁量権が与えられ，その裁量権行使の是非の審査は投票と民主政の過程にゆだねるということができるのである」。自由にして公正な選挙制度づくりは，民主主義システムの根幹である。

　もちろん，立法過程の司法審査の有意性は，選挙規定に限られないことは言うまでもない。憲法 81 条は，司法府に違憲立法審査を含む司法審査権を付与する。憲法の遵守は，実体的のみならず，手続的にも保障されてはじめて完全なものとなる。憲法 81 条所定の違憲立法審査において，司法府は，当該立法の実体面のみならず手続面の審査も可能とされなければならない。

163

第6章　選挙無効訴訟・事情判決・間接強制
―― 裁判遵守の公益性保護

1　はじめに――本章の目的

　公職選挙法（以下「公選法」という）204条所定の選挙無効訴訟は，最大判昭和51年4月14日[(1)]（以下「昭和51年衆院選大法廷判決」という）に述べられるように，「公選法の規定に違反して執行された選挙の効果を失わせ，改めて同法に基づく適法な再選挙を行わせること（同法109条4号）を目的とし，同法の下における適法な選挙の再実施の可能性を予定するものである」が，最高裁判所（以下「最高裁」という）は，選挙区及び議員定数の定め（以下「議員定数配分規定」という）の違憲性を無効原因として主張する公選法204条の訴えを適法としている。同訴えは，現行の公選法の改正を求めるものであり，選挙を無効としても同法を改正しなければ適法に選挙を再実施することはできない。

　衆議院議員選挙においても参議院議員選挙においても，一票の平等性を問う選挙無効訴訟は繰り返し提起されている。しかし，最高裁の再三の警告にもかかわらず，立法府は，衆議院についても参議院についても，選挙制度における投票価値の不均衡状態につき根本

---

(1)　最大判昭和51年4月14日民集30巻3号223頁。

Ⅱ　市民の参政基盤としての客観訴訟制度

的な対応をしたとは言い難いことは人の知るところである。裁判は守られなければならない。裁判の不遵守が放置される弊害は測り知れない。裁判の遵守を諦め，裁判の軽視に慣れてしまうことは法の支配の重大な危機である。

　本章の目的は，裁判遵守の公益性を保護するために，議員定数配分規定にかかる公選法 204 条の違憲・違憲状態判決に立法改正の実効力の付与を検討することにある。

　公選法 204 条所定の選挙無効訴訟制度に拠る議員定数配分規定の是正を求める訴えは，国権の最高機関に真なる国民の意思を反映させるべく意図する国民の主権行使である。そうであるからには，同訴訟の議員定数配分規定違憲・違憲状態判決の実効性が確保されなければならない。議員定数配分規定違憲・違憲状態判決の実効性は，当該判決の趣旨に従って，立法府に改正立法を余儀なくさせることである。

　なお，地方公共団体の議会議員の選挙に関する公選法 203 条所定の選挙無効訴訟の実効性については，訴訟の前審制度（公選 202 条）及び条例の直接請求制度（自治 12 条 1 項，74 条 1 項）の存在からして，本章の対象たる公選法 204 条の選挙無効訴訟とは別途の考察を要しよう。

166

第6章　選挙無効訴訟・事情判決・間接強制

2　選挙区及び議員定数の定めにかかる
違憲・違憲状態判決の実効性

(1)　最高裁は，公選法204条の選挙無効訴訟において，2件の違憲判決を下している。昭和51年衆院選大法廷判決および昭和60年7月17日大法廷判決[2]（以下「昭和60年衆院選大法廷判決」という）である。両訴訟において，施行された各衆議院議員選挙における選挙区間の投票価値の較差が争われ，当該較差が，昭和51年衆院選大法廷判決では最大4.99倍にまで，昭和60年衆院選大法廷判決では最大4.40倍にまで拡大した衆議院議員定数配分規定は違憲であると判断された。ただし，両判決とも，違憲な議員定数配分規定の下で施行されたそれぞれの選挙区の選挙を無効とはしなかった。主文において当該選挙の違法を宣言するにとどめ，施行された選挙は無効としないとする事情判決制度を採った。

公選法204条の選挙無効訴訟は，行政事件訴訟法（以下「行訴法」という）上の民衆訴訟（行訴5条）であり，訴訟手続につき同法が適用される。行訴法は，事情判決制度を定める。行訴法31条は，処分が違法ではあるが，これを取り消すことにより公の利益に著しい障害を生ずる場合において，一切の事情を考慮したうえ，公共の福祉に適合しないと認めるときは，裁判所は，当該処分を取り消さないことができる，と規定する。確かに，この制度が準用され

---

(2)　最大判昭和60年7月17日民集39巻5号1100頁。

167

Ⅱ　市民の参政基盤としての客観訴訟制度

れば，選挙無効の原因が存在するにもかかわらず諸般の事情を考慮して，当該選挙が違法であることのみを主文で宣言し，選挙自体は無効としない旨の判決をすることができる。しかし，公選法は，明文で，行訴法 31 条の事情判決制度の準用を排している。公選法219 条 1 項は「この章（第 210 条第 1 項を除く。）に規定する訴訟については，行政事件訴訟法第 43 条の規定にかかわらず，……第 31条……の規定は，準用せず」と明記している。

　最高裁は，公選法が明確に排除した行訴法所定の事情判決制度を「一般的な法の基本原則」として適用したのである。昭和 51 年衆院選大法廷判決は以下のように説示する。

　　「本件のように，選挙が憲法に違反する公選法に基づいて行われたという一般性をもつ瑕疵を帯び，その是正が法律の改正なくしては不可能である場合については，単なる公選法違反の個別的瑕疵を帯びるにすぎず，かつ，直ちに再選挙を行うことが可能な場合についてされた……立法府の判断は，必ずしも拘束力を有するものとすべきではなく，……行政事件訴訟法の規定に含まれる法の基本原則の適用により，選挙を無効とすることによる不当な結果を回避する裁判をする余地もありうるものと解するのが，相当である。もとより，明文の規定がないのに安易にこのような法理を適用することは許されず，殊に憲法違反という重大な瑕疵を有する行為については，憲法 98 条 1 項の法意に照らしても，一般にその効力を維持すべきものではないが，しかし，このような行為についても，高次の法的見地から，右の法理を適用すべき場合がないとはいいきれないのである。」

　昭和 51 年衆院選大法廷判決は，昭和 50 年法律 63 号による改正

第6章　選挙無効訴訟・事情判決・間接強制

前の衆議院の議員定数配分規定を違憲と判断したにとどまり[3]，議員定数配分規定改正に直接の影響を及ぼさなかった。施行中の公選法を違憲とした昭和60年衆院選大法廷判決後に，初めて選挙区議員数の削減を含むいわゆる8増7減の公選法改正（昭和61年法律67号）が行われたが，最大較差は3倍に近い状態が残された。

(2)　最高裁の事情判決は上記の2件のみであるが，原審の高等裁判所での事情判決は少なくない。

東京高等裁判所は，平成22年11月17日，平成22年7月11日に施行された参議院（選挙区選出）議員選挙の東京都選挙区における選挙の無効を主張する原告の請求を事情判決制度に基づいて棄却したものの，①参議院発足当初以来の定数配分②平成6年改正③平成12年改正④参議院における協議会の設置⑤平成18年改正⑥平成19年選挙等⑦その後の経緯を順次検証し，本件選挙の時点において，本件定数配分規定に基づく選挙区間の有権者数の最大較差が4.99ないし5.00であった状態は，それ以前の十数年にわたる投票価値の不平等状態の積み重ねの結果であることを視野に入れると到底看過し得るようなものではなく，国会の裁量権の限界を超えたものというべきであり，既に本件定数配分規定が違憲の瑕疵を帯びていたと判断せざるを得ず，よって，本件定数配分規定に基づく本件選挙

---

(3)　本件係属中，昭和50年7月15日に，改正公選法が公布された（昭和50年法律63号）。この改正によって，議員一人当たりの人口較差が最大1対2.92に縮小した。本件訴えが適法とされたことに対する立法府の反応であろうか。

Ⅱ　市民の参政基盤としての客観訴訟制度

は，憲法の定める選挙人の平等原則に違反し，違法たるを免れない，
と判示した[4]。

　上告審である最大判平成 24 年 10 月 17 日[5]（以下「平成 24 年参院
選大法廷判決」という）は，参議院議員の選挙制度については，限
られた総定数の枠内で，半数改選という憲法上の要請を踏まえて各
選挙区の定数が偶数で設定されるという制約の下で，長期にわたり
投票価値の大きな較差が続いてきたことを認め，「国政の運営にお
ける参議院の役割に照らせば，より適切な民意の反映が可能となる
よう，単に一部の選挙区の定数を増減するにとどまらず，都道府県
を単位として各選挙区の定数を設定する現行の方式をしかるべき形
で改めるなど，現行の選挙制度の仕組み自体の見直しを内容とする
立法的措置を講じ，できるだけ速やかに違憲の問題が生ずる前記の
不平等状態を解消する必要がある」と指摘した。同判決は，都道府
県を参議院議員の選挙区の単位としなければならないという憲法上
の要請はなく，むしろ，都道府県を選挙区の単位として固定する結
果，その間の人口較差に起因して投票価値の大きな不平等状態が長
期にわたって継続していると認められる状況の下では，上記の仕組
み自体を見直すことが必要になるものといわなければならない，と
説く。

　平成 24 年参院選大法廷判決後の定数配分規定の是正について，
平成 25 年 7 月 21 日施行の参議院議員通常選挙にかかる最大判平成

---

(4)　東京高判平成 22 年 11 月 17 日判時 2098 号 34 頁。

(5)　最大判平成 24 年 10 月 17 日裁判所ウェブサイト。

170

第6章　選挙無効訴訟・事情判決・間接強制

26年11月26日⁽⁶⁾（以下「平成26年参院選大法廷判決」という）は，
次のように評する。本件選挙は，平成24年参院選大法廷判決の言
渡し後に成立した平成24年法律94号による改正後の本件定数配分
規定の下で施行されたものであるが，平成24年改正法による4増
4減の措置は，平成24年参院選大法廷判決が見直しを指摘した都
道府県を各選挙区の単位とする選挙制度の仕組みを維持して一部の
選挙区の定数を増減するにとどまり，現に選挙区間の最大較差（本
件選挙当時4.77倍）については上記改正の前後を通じてなお5倍前
後の水準が続いていたのであるから，違憲の状態を解消するには足
りないものであったといわざるを得ず，したがって，平成24年改
正法による上記の措置を経た後も，本件選挙当時に至るまで，本件
定数配分規定の下での選挙区間における投票価値の不均衡は，平成
22年選挙当時と同様に違憲の問題が生ずる程度の著しい不平等状
態にあったものというべきである。

　衆議院議員選挙においても参議院議員選挙においても，投票価値
の平等性を問う選挙訴訟は繰り返し提起されている。しかし，最高
裁の再三の警告にもかかわらず，立法府は，衆議院についても参議
院についても，選挙制度における投票価値の不均衡状態につき抜本
的な対応をしたとは言い難い。係争の選挙を無効としない違憲・違
憲状態判決は，議員定数配分規定の改正にかかって実効性に乏しい。
　昭和51年衆院選大法廷判決は，「本件議員定数配分規定について

──────────
(6)　最大判平成26年11月26日民集68巻9号1363頁。

171

Ⅱ　市民の参政基盤としての客観訴訟制度

みると，右規定が憲法に違反し，したがつてこれに基づいて行われた選挙が憲法の要求に沿わないものである」としながら，係争の選挙区選挙を無効とせず事情判決にとどめる理由として，「これによつて直ちに違憲状態が是正されるわけではなく，かえつて憲法の所期するところに必ずしも適合しない結果を生ずる」と説明する。昭和 60 年衆院選大法廷判決も同旨を述べる。「右選挙を無効とする判決の結果，議員定数配分規定の改正が当該選挙区から選出された議員が存在しない状態で行われざるを得ないなど一時的にせよ憲法の予定しない事態が現出することによつてもたらされる不都合，その他諸般の事情を総合考察し，……選挙を無効とする結果余儀なくされる不都合を回避することもあり得るものと解すべきである」。

　事情判決制度を「一般的な法の基本原則」とする昭和 51 年衆院選大法廷判決・昭和 60 年衆院選大法廷判決に対して，平成 26 年参院選大法廷判決の反対意見において，山本庸幸裁判官は，「国政選挙という代表民主制を支える最も重要な制度の合憲性が争われる争訟において，裁判所がこれを違憲と判断しながら当該選挙を無効とせずに単に違法の宣言にとどめるということが，法律上の明文の根拠もなく許されるものであるかどうか，私には甚だ疑問に思えてならない。現にこれまでの経緯を振り返ると，選挙区の区割りや定数に関する幾たびかの法改正や国会における検討を経てもなお，一票の価値の平等という代表民主制を支える根幹の原理が守られておらず，その改善は遅々として進まないという状況にあって，選挙制度の憲法への適合性を守るべき立場にある裁判所としては，違憲であ

172

第 6 章　選挙無効訴訟・事情判決・間接強制

ることを明確に判断した以上はこれを無効とすべきであり，そうした場合に生じ得る問題については，経過的にいかに取り扱うかを同時に決定する権限を有するものと考える」と反論する。

平成 26 年参院選大法廷判決の対象となった平成 25 年 7 月 21 日施行の参議院議員通常選挙にかかって，広島高等裁判所岡山支部は，仮に本件選挙における 47 選挙区の全ての選挙が無効になったとしても，平成 22 年選挙によって選出された議員と本件選挙における比例代表選挙による選出議員は影響を受けず，これらの議員によって，本件定数配分規定を憲法に適合するように改正することを含めた参議院としての活動が可能であることなどを考慮すれば，長期にわたって投票価値の平等という憲法上の要請に著しく反する状態を容認することの弊害に比べ，本件選挙を無効と判断することによる弊害が大きいということはできないと説示して，本件定数配分規定は憲法に違反し無効であり，本件定数配分規定に基づいて施行された本件選挙のうち岡山県選挙区における選挙も無効であるといわざるを得ない，と判決した[7]。

先に，広島高等裁判所は，平成 24 年 12 月 16 日施行の衆議院議員選挙につき，広島県第 1 区および第 2 区における選挙を無効とし，その効果は，平成 25 年 11 月 26 日の経過をもって発生するものとする，いわゆる将来効判決を採った[8]。

同判決は，以下のように，説く。本件選挙は，憲法上要求される

---

(7)　広島高岡山支判平成 25 年 11 月 28 日裁判所ウェブサイト。

(8)　広島高判平成 25 年 3 月 25 日判時 2185 号 36 頁。

173

Ⅱ　市民の参政基盤としての客観訴訟制度

合理的期間内に本件区割規定の是正がされず，かえって，平成 23
年衆院選大法廷判決以降，憲法の投票価値の平等の要求に反する状
態が悪化の一途をたどっていると評価せざるを得ない状況下で施行
されたものなのであるから，選挙人の基本的権利である選挙権の制
約及びそれに伴って生じている民主的政治過程のゆがみの程度は重
大といわざるを得ず，また，最高裁の違憲審査権も軽視されている
といわざるを得ないのであって，もはや憲法上許されるべきではな
い事態に至っていると認めるものであるが，本件選挙を直ちに無効
とすると，本件区割規定の是正が当該選挙区から選出された議員が
存在しない状態で行われざるを得ないなど，一時的にせよ憲法の予
定しない事態が現出することになるから，本件選挙について，無効
と断ぜざるを得ない場合には，裁判所は，本件選挙を無効とするが，
その効果は一定期間経過後に始めて発生するという内容の将来効判
決をすべきであると解される。

　広島高等裁判所が宣した将来効判決は，昭和 60 年衆院選大法廷
判決における寺田治郎，木下忠良，伊藤正己，矢口洪一各裁判官の
補足意見「判決確定により当該選挙を直ちに無効とすることが相当
でないとみられるときは，選挙を無効とするがその効果は一定期間
経過後に始めて発生するという内容の判決をすることも，できない
わけのものではない。けだし，議員定数配分規定の違憲を理由とす
る選挙無効訴訟（以下「定数訴訟」という。）は，公職選挙法 204 条
所定の選挙無効訴訟の形式を借りて提起することを認めることとさ
れているにすぎないものであつて……これと全く性質を同じくする

第6章　選挙無効訴訟・事情判決・間接強制

ものではなく，……その判決についてもこれと別個に解すべき面が
あるのであり，定数訴訟の判決の内容は，憲法によつて司法権にゆ
だねられた範囲内において，右訴訟を認めた目的と必要に即して，
裁判所がこれを定めることができるものと考えられる」を受けたも
のである[9]。

3　事情判決・間接強制
　　——選挙区及び議員定数の定めにかかる改正への実効力の付与

　(1)　昭和55年6月22日に行われた衆議院議員総選挙にかかる最
大判昭和58年11月7日[10]（以下「昭和58年衆院選大法廷判決」とい
う）中の反対意見において，中村治朗裁判官は，事情判決後におい
て「相当期間かかる改正がされることなく漫然と放置されている等,
国会による自発的是正の可能性が乏しいとみられるような状況の下
で更に新たに選挙が行われたような場合を想定すると，その選挙の
効力が争われる訴訟において，選挙権の平等に対する侵害の是正の
必要性がもはや選挙を無効とすることによつて生ずべき不利益より
も優越するに至つているものとして，当該請求を認容し，選挙無効

---

　(9)　濱野惺「判解」（最高裁判所判例解説民事篇昭和60年度277頁）は，
　　寺田裁判官らが提案する将来効判決を「違憲とされた同一の議員定数配分
　　規定の下における選挙について，選挙を無効とすることによる弊害を最小
　　限にくい止めつつ，事情判決的処理の繰り返しを回避する画期的な手法の
　　導入の余地があることを示唆している」（296頁）と評価している。
　(10)　最大判昭和58年11月7日民集37巻9号1243頁。

175

Ⅱ　市民の参政基盤としての客観訴訟制度

の判決をすべきものとされる可能性は十分にある」と指摘している。団藤重光裁判官及び木戸口久治裁判官も同旨を説いている。

　中村治朗裁判官は，事情判決後の選挙無効判決を「国会に対して立法改正を間接的に強制する効力をもつ」とし，「それが司法権の限界を超えて国会の立法活動に介入するというにはあたらない」と考えると述べている。

　しかし，選挙を無効とすることによる選挙制度改正の担保は，違憲判断を避ける不合理な判決となりやすい。憲法に適合する選挙が実現するためには，公選法自体の改正に俟たなければならない。立法改正を必要とする国政選挙のやり直しを命ずる判決の決断は，容易なことではない。たとえ，当該選挙区のみにかかる議員定数配分規定の一部に憲法違反の瑕疵があるとする議員定数配分規定可分説を採っても同様である(11)。全選挙区で，投票価値の是正を求めて訴訟が提起されることがある(12)。将来効判決も当該選挙を無効とする覚悟を要することに変わりない(13)。

────────────

(11)　議員定数配分規定は性質上不可分一体的な性質をもつものか選挙区ごとに可分なものなのかという問題について，昭和51年衆院選大法廷判決の多数意見は不可分説の立場に立つことを明らかにし，それ以降，最高裁は不可分説を採っている。

(12)　例えば，平成25年7月21日施行の参議院議員通常選挙，平成26年12月14日に行われた衆議院議員総選挙，平成28年7月10日施行の参議院議員通常選挙。

(13)　「将来効判決を下すには，法改正が間に合わないまま次の選挙が行われた場合にどうするのかを，あらかじめ考えておかなければならない。その意味では，将来効判決は，次回選挙に対する無効判決が可能であってはじめて下すことのできる判決方法だといえるだろう」（工藤達朗「参議院

第6章　選挙無効訴訟・事情判決・間接強制

(2)　公選法 219 条 1 項が明文で準用を排除する行訴法 31 条所定の制度を「一般的な法の基本原則」として援用する選挙無効訴訟の事情判決には確かな実効力が要請される。そうでなければ，最高裁の解釈的努力の意味がない。選挙無効判決以外の間接的強制力を事情判決にもたせることはできないだろうか。

　行訴法 31 条 1 項は，「取消訴訟については，処分又は裁決が違法ではあるが，これを取り消すことにより公の利益に著しい障害を生ずる場合において，原告の受ける損害の程度，その損害の賠償又は防止の程度及び方法その他一切の事情を考慮したうえ，処分又は裁決を取り消すことが公共の福祉に適合しないと認めるときは，裁判所は，請求を棄却することができる。この場合には，当該判決の主文において，処分又は裁決が違法であることを宣言しなければならない」と規定する。この事情判決の制度について，その発想は，昭和 7(1932) 年の行政訴訟法案 174 条「第 8 条第 1 項第 7 号，第 9 号及第 10 号並ニ第 9 条ノ行政訴訟ニ於テ原告ノ請求理由アル場合ト雖モ既ニ為シタル工事，設備又ハ其ノ他ノ施設ノ状況ニ因リ処分ノ取消又ハ変更ヲ不適当ト認ムルトキハ行政裁判所ハ之ニ代ヘ起業者ヲシテ除害施設又ハ損失補償ヲ為サシムルコトヲ判決スルコトヲ得」(1 項)，175 条「第 10 条及第 20 条ノ行政訴訟ニ於テ原告ノ請求理由アル場合ト雖モ既ニ為シタル工事ノ状況ニ因リ工事ノ撤廃，変更又ハ原状回復ヲ不適当ト認ムルトキハ行政裁判所ハ之ニ代ヘ国

議員選挙と投票価値の平等──参議院議員選挙無効請求事件」論ジュリ 4 号（2013 年）99 頁）。

177

Ⅱ　市民の参政基盤としての客観訴訟制度

又ハ公共団体ヲシテ除害施設又ハ損失補償ヲ為サシムルコトヲ判決スルコトヲ得」（1 項）に遡る[14]。両条は，原告の請求を認める利益と不利益の適切な調整を裁判所の裁量によってはかる制度であり，原告の請求に理由がある場合といえども不適当と認めるときは，裁判所自らが起業者・国・公共団体に代替措置を判決で命じ得るとされていた。昭和 7 年の行政訴訟法案は，行政裁判所を前提としているが，その趣旨は現行法に継受されている。「行政事件訴訟法 31 条は，……思想的にはより行政訴訟法案の規定に近い方向で事情判決の要件を定めたものであると言い得よう」[15]。そうであるとすれば，事情判決制度は，理由ある請求を棄却すると同時に，棄却される不利益に必ず代替措置を要するものである。行訴法 31 条 1 項に拠れば，事情判決適用の要件として，係争の処分または裁決が違法であっても，これを取り消すことが「公の利益に著しい障害を生ずる場合」であることをまず必要とし，さらにその際においても，直ちに棄却判決をなすべきではなく，それがなされるためには，「原告の受ける損害の程度，その損害の賠償又は防止の程度及び方法その他一切の事情を考慮」しなければならない。理由ある請求を棄却することが許容されるのは，「処分取消に代替する有効な方法があり得ること，また原告としてもそれらの方法によって満足ないし我慢

---

(14)　この行政訴訟法案全文は，行政裁判所編『行政裁判所五十年史』（復刻版，文生書院，1992 年）445 頁以下に掲載されている。

(15)　雄川一郎『行政争訟の理論』（有斐閣，1986 年）581 頁。

178

第 6 章　選挙無効訴訟・事情判決・間接強制

することが相当と考えられるような場合」[16]である。昭和51年衆院選大法廷判決の説示によれば，選挙無効訴訟において援用する「一般的な法の基本原則」としての事情判決は，「行政事件訴訟法の規定に含まれる法の基本原則の適用」であると言う。そうであるならば，選挙無効訴訟における「一般的な法の基本原則」としての事情判決も行訴法31条所定の制度と同様の適用要件を有すべきものと解される。しかしながら，昭和51年衆院選大法廷判決は，「『憲法の所期するところに必ずしも適合しない結果を生ずる』といういわば公益上の障害の面のみが強調されていて，原告の利益に対する具体的配慮は見出されない」と指摘されている[17]。昭和60年衆院選大法廷判決においても，当該選挙の効力を否定しないことによる不利益への対応は存しない。事情判決制度は，原告の理由ある請求を棄却する一方，他方に，その棄却に対して必ず代替措置を要する。選挙無効訴訟における事情判決の場合には，「事情判決制度の重要な内容である原告の利益の実質的保障の側面が全く欠けていること」[18]が問題である。

　一票の較差是正を求めて選挙無効訴訟を提起する原告の満足は，議員定数配分規定の改正の実現である。本件事情判決の実効性は，当該判決後も相当期間にわたり立法改正がなされることなく漫然と放置され更に新たな選挙が行われることの回避である。そうであれ

---

(16)　雄川・前掲書注(15)587頁。

(17)　雄川・前掲書注(15)588頁。

(18)　塩野宏『行政法Ⅱ行政救済法［第六版］』（有斐閣，2019年）209頁。

Ⅱ　市民の参政基盤としての客観訴訟制度

ば，本件事情判決の代替措置は，議員定数配分規定の改正権限を有する国会に対して課されるべきである。事情判決制度に基づく代替措置は，被告以外の者にも命じ得る[19]。

(3)　係争の議員定数配分規定の違憲性は，憲法上要求される合理的期間内における当該規定の是正がなされなかったときに宣せられる[20]。係争の議員定数配分規定の改正について国会は国民に対して具体的な憲法上の義務を負っていた。しかし，それを憲法上要求される合理的期間内に履行せず，本件事情判決となった。そうである

---

(19)　行政訴訟法案・前掲注(14)174 条参照。

(20)　最大判平成 25 年 11 月 20 日民集 67 巻 8 号 1503 頁（以下「平成 25 年衆院選大法廷判決」という）において，衆議院議員の選挙における投票価値の較差の問題についての憲法判断の枠組みを，つぎのように説明している。最高裁は，これまで，①定数配分又は選挙区割りが諸事情を総合的に考慮した上で投票価値の較差において憲法の投票価値の平等の要求に反する状態に至っているか否か，②上記の状態に至っている場合に，憲法上要求される合理的期間内における是正がされなかったとして定数配分規定又は区割規定が憲法の規定に違反するに至っているか否か，③当該規定が憲法の規定に違反するに至っている場合に，選挙を無効とすることなく選挙の違法を宣言するにとどめるか否か，といった判断の枠組みに従って審査を行ってきた。また，参議院議員の選挙における投票価値の較差の判断枠組みについて，平成 24 年参院選大法廷判決は，最大判昭和 58 年 4 月 27 日民集 37 巻 3 号 345 頁以降の参議院議員（地方選出議員ないし選挙区選出議員）選挙に関する累次の大法廷判決の趣旨として，「社会的，経済的変化の激しい時代にあって不断に生ずる人口変動の結果，投票価値の著しい不平等状態が生じ，かつ，それが相当期間継続しているにもかかわらずこれを是正する措置を講じないことが，国会の裁量権の限界を超えると判断される場合には，当該議員定数配分規定が憲法に違反するに至るものと解する」と説く。

180

第 6 章　選挙無効訴訟・事情判決・間接強制

ならば，国会が国民に対して負った議員定数配分規定改正の憲法上
の義務にかかる不履行に対して，本件事情判決中で，国会にその代
償として一定額の金銭の支払い（「代償金」と仮称する）を命ずるこ
とはできないだろうか。事情判決となれば，代償金が課せられる。
それは，相当期間にわたり議員定数配分規定の改正が漫然と放置さ
れることを防ぐ間接的強制力となり得る。理由もなく放置され更に
新たな選挙が行われ提訴され再度の事情判決となれば，新たな代償
金が命ぜられる。金額は裁判所の裁量で決する。間接強制として十
分な金額であることが要請される。憲法違反である選挙が繰り返さ
れるならば，金額は重くなろう。支払い方は国会に委ねるが，議員
各人の負担に帰することを要する。支払う者は，現職の議員である。
国民に支払われた代償金の帰属先は国庫である。国の予算に当てる。
当該金銭の支払いは，国民への義務不履行責任を問われる国会の構
成員として当該議院の全ての現職議員の負担とするものであり，議
員個人にかかる憲法 51 条の免責に触れるものではない。

　国会は，既に，立法不作為に対する個人への賠償責任を経験して
いる[21]。

　当該金銭の支払命令は，係争の選挙を違法と主文で宣言しながら
無効とはしない事情判決の代替措置である。事情判決に伴って命ぜ
られる。発令は，事情判決制度に内在する裁判所の権限である。た
だし，代償金を課さない場合もあり得る。原告の申立てを要しな

---

[21]　最大判平成 17 年 9 月 14 日民集 59 巻 7 号 2087 頁等。

181

Ⅱ　市民の参政基盤としての客観訴訟制度

い[22]。代償金は，公益のために裁判所が職権で命ずる。当該命令の目的は，一票の較差是正にかかる裁判の遵守という公益性の保護である。公選法 204 条所定の選挙無効訴訟は客観訴訟であり，公益のための客観訴訟では，積極的な職権行使が許される[23]。事情判決は，理由ある請求を棄却する一方，その棄却に対して必ず代替措置を必要とする制度である。一票の較差是正を求めて選挙無効訴訟を提起する原告への代替措置は，当該規定改正実現の担保である。

　このような代償としての金銭の支払命令は，議員定数配分規定の違憲性を無効原因とする選挙無効訴訟にかかって司法裁判所の裁量として許容される[24]。昭和 60 年衆院選大法廷判決における寺田治郎裁判官らの補足意見が「定数訴訟の判決の内容は，憲法によつて司法権にゆだねられた範囲内において，右訴訟を認めた目的と必要に即して，裁判所がこれを定めることができるものと考えられる」と述べている。中村治朗裁判官が，昭和 58 年衆院選大法廷判決の反対意見中で，「国会に対して立法改正を間接的に強制する効力をもつ」ことは，「司法権の限界を超えて国会の立法活動に介入するというにはあたらない」と指摘する。昭和 51 年衆院選大法廷判決

---

(22)　原告が裁判所に代償金（その額を含む）を促すことは可能である。

(23)　このことについて詳しくは，山岸敬子『客観訴訟の法理』（勁草書房，2004 年）。

(24)　田中英夫「定数配分不平等に対する司法的救済」ジュリ 830 号（1985 年）46〜47 頁は，以下のように言及する。「法の認めた行動基準をいかにして法的にエンフォースし，実現するかという，まさに法律家が主たる責任を担うことが期待される性質の領域に属するのであり，それだけに，裁判所による法形成が，……より広い範囲で正統化されうる」。

第6章　選挙無効訴訟・事情判決・間接強制

の裁判官であった岡原昌男は，「立法府をして法改正をせざるを得ないように仕向けるのが，本来の司法権のチェック機能のあり方である」と忠告する[25]。

　提案する代償金は，判決の強制執行方法としての間接強制すなわち裁判所が債務者に対して履行を命ずるとともに，いつまでに履行しなければ不履行に対する制裁としていくらの金銭を債権者に支払えと命ずることによって意思を圧迫し，債務者による履行を強いる方法[26]とは異なる。しかしながら，国会に対して立法改正を間接的に強制する効力を十分に期待し得る。

　⑷　選挙無効請求事件にかかる最高裁の警告に基づいて実現した例として，最大判平成23年3月23日[27]（平成21年8月30日施行の衆議院議員総選挙に対する選挙無効請求事件。以下「平成23年衆院選大法廷判決」という）の指摘「本件区割基準のうち1人別枠方式に係る部分は，遅くとも本件選挙時においては，その立法時の合理性が失われたにもかかわらず，投票価値の平等と相容れない作用を及ぼ

---

(25)　岡原昌男「投票価値平等の理論──いわゆる定数是正の理論」ジュリ1003号（1992年）85頁。

(26)　中野貞一郎『民事執行・保全入門［補訂版］』（有斐閣，2013年）18頁。民事執行法172条1項は，判決の強制執行方法としての間接強制を「作為又は不作為を目的とする債務で前条第1項の強制執行ができないものについての強制執行は，執行裁判所が，債務者に対し，遅延の期間に応じ，又は相当と認める一定の期間内に履行しないときは直ちに，債務の履行を確保するために相当と認める一定の額の金銭を債権者に支払うべき旨を命ずる方法により行う」と規定する。当該強制金は，債権者の申立てにより，執行裁判所が決定する。

(27)　最大判平成23年3月23日民集65巻2号755頁。

183

Ⅱ　市民の参政基盤としての客観訴訟制度

すものとして，それ自体，憲法の投票価値の平等の要求に反する状態に至っていたものといわなければならない」を容れた1人別枠方式（衆議院小選挙区で各都道府県にまず一人を配分する方式）の廃止立法[28]，平成24年参院選大法廷判決が求めた都道府県を単位とする選挙区の設定の見直しが未だなされていないと批判する平成26年参院選大法廷判決後の参議院合同選挙区の実施（平成27年法律60号による公選法改正）などがある[29]。しかし，周知のように，累次の

---

(28)　衆議院小選挙区選出議員の選挙区間における人口較差を緊急に是正するための公職選挙法及び衆議院議員選挙区画定審議会設置法の一部を改正する法律（平成24年法律95号）3条。

　　札幌高判平成25年3月7日裁判所ウェブサイトは，同法について，「同法は，1人別枠方式自体は廃止したものの，1人別枠方式による定数配分は基本的に維持し，それを基礎として選挙区間の選挙人数の最大較差が2倍未満となるよう必要最小限の改定にとどめようとするものであるにすぎず，同法に基づく区画審における具体的な選挙区割りの審議・勧告も上記同様の改定の域を出るものではなく，1人別枠方式の廃止を前提とし，1人別枠方式の下で各都道府県にあらかじめ1ずつ配分された定数につき，区画審設置法3条1項の趣旨に沿って再配分するというものではない。かかる緊急是正法の内容は，できるだけ速やかに本件区割基準中の1人別枠方式を廃止し，区画審設置法3条1項の趣旨に沿って本件区割規定を改正するなど，投票価値の平等の要請にかなう立法的措置を講ずる必要がある旨の平成23年大法廷判決（平成23年衆院選大法廷判決…筆者注）の説示に沿った改正とは質的に異なるものというべきであり，同判決言渡し後速やかに行うことが可能であった1人別枠方式の廃止のみを，本件選挙直前にようやく実現させたにすぎないと評せざるを得ないものである」と指弾する。

(29)　ただし，最大判平成29年9月27日民集71巻7号1139頁（平成28年7月10日施行の参議院議員通常選挙に対する無効請求事件）は，平成24年参院選大法廷判決・平成26年参院選大法廷判決が都道府県を単位と

第6章　選挙無効訴訟・事情判決・間接強制

大法廷判決の指摘にもかかわらず，衆議院においても参議院においても，一票の平等性に関する抜本的な改革はなされていない。

議員定数配分規定の違憲性を理由とする選挙無効訴訟にかかる裁判の軽視を嘆く裁判官の声は枚挙に遑がない。藤田宙靖元最高裁判事は，「日本国憲法において最終の違憲立法審査権を与えられている最高裁が，国会の行った立法，しかもその存立の根本を成す選挙区割り規定について，その憲法違反（これは，『違憲』と言おうが『違憲状態』と言おうが，その本質に変わりはありません）を判じたにも拘らず，国会が自らの手でその状態を解消しようとしなかった，という事態です。これは，いうまでもなく，立憲法治国家の根本にも触れる国政上の極めて重大な事態であって，この状態から一刻も早く脱して，立憲法治のあるべき姿を取り戻すことは，憲法上の諸機関に課せられた喫緊の責務であること，疑いありません」[30]と警鐘

する選挙区の設定の見直しを求めたことについて，「この判断は，都道府県を各選挙区の単位として固定することが投票価値の大きな不平等状態を長期にわたって継続させてきた要因であるとみたことによるものにほかならず，各選挙区の区域を定めるに当たり，都道府県という単位を用いること自体を不合理なものとして許されないとしたものではない」とする。「具体的な選挙制度の仕組みを決定するに当たり，一定の地域の住民の意思を集約的に反映させるという意義ないし機能を加味する観点から，政治的に一つのまとまりを有する単位である都道府県の意義や実体等を一つの要素として考慮すること自体が否定されるべきものであるとはいえず，投票価値の平等の要請との調和が保たれる限りにおいて，このような要素を踏まえた選挙制度を構築することが直ちに国会の合理的な裁量を超えるものとは解されない」ともいう。

(30)　藤田宙靖『裁判と法律学』（有斐閣，2016 年）210 頁。

Ⅱ　市民の参政基盤としての客観訴訟制度

を鳴らす。

　立法府による最高裁の違憲立法審査権に対する愚弄ともいうべき
状況に怒り，国会が平成23年衆院選大法廷判決の判示に従った法
律改正をするよう民衆訴訟（行訴5条）も提起されている。平成24
年12月16日施行予定の衆議院議員総選挙の選挙人が原告である。
国会は，1人別枠方式の廃止立法を実施することなく，平成24年
11月16日に衆議院を解散し，選挙区割りの未了を理由に，平成23
年衆院選大法廷判決において違憲状態にあるとされた従前の選挙区
割りに基づいて再び選挙を施行するとした。これにより，投票価値
の平等が害されたまま投票を行わざるを得ないという重大な損害を
被ることを免れず，憲法違反の総選挙が行われる事態を回避するた
めに，原告は，内閣の所属する国を被告とし，いずれも行訴法5条
の民衆訴訟として，以下の訴えを提起した。①主位的に，同法3条
7項（差止めの訴え）の趣旨を類推し，内閣が天皇に対し本件選挙
の施行の公示に係る助言と承認をすることの差止めを求め，②予備
的に，同項の趣旨を類推し，本件選挙の施行の公示がされたときは，
内閣が中央選挙管理会及び各都道府県の選挙管理委員会に対し本件
選挙につき公選法別表第1に定める選挙区割りに基づく選挙事務の
管理をさせることの差止めを求めるとともに，併せて，③同法3条
6項1号（非申請型の義務付けの訴え）の趣旨を類推し，内閣が国会
に対し公選法別表第1につき1人別枠方式を廃止し人口に比例して
議員定数を配分する法律案を提出することの義務付けを求める訴え

第 6 章　選挙無効訴訟・事情判決・間接強制

である(31)。

　施行された平成 24 年 12 月 16 日の衆議院議員総選挙について，
広島高岡山支判平成 25 年 3 月 26 日(32)は，国会議員は憲法擁護義
務を負っており（憲 99 条），平成 23 年衆院選大法廷判決により，
本件区割規定が違憲状態であると判断されたのであるから，国会は，
直ちに是正措置を講ずるべきといえ，しかも，衆議院議員の任期は
4 年で，任期満了前に解散される可能性もあること（憲 45 条），平
成 23 年衆院選大法廷判決は，できるだけ速やかに立法措置を講ず
る必要がある旨指摘したこと等も併せ鑑みれば，衆議院議員の任期
の約 2 分の 1 に相当する期間である 1 年 9 か月弱は，本件区割規定

---

(31)　最決平成 24 年 11 月 30 日訟務月報 60 巻 1 号 79 頁。本件訴えは，棄
　　却されたが，なお書きで次のように説示された。「本件訴え（衆議院議員
　　の選挙に関する内閣による助言と承認等の差止め及び内閣による法案提出
　　の義務付けを求める訴え）は，選挙に関する民衆訴訟（行政事件訴訟法 5
　　条）として提起されたものであるが，民衆訴訟は，裁判所法 3 条 1 項の
　　『法律上の争訟』ではなく同項の『その他法律において特に定める権限』
　　に含まれるものとして，『法律に定める場合において，法律に定める者に
　　限り，提起することができる』ものとされており（行政事件訴訟法 42 条），
　　国会議員の選挙に関する民衆訴訟について，公職選挙法の定める選挙無効
　　訴訟等の訴訟類型以外に，本件訴えのような選挙に関する差止め又は義務
　　付けの訴えを提起することができる旨を定める法律の規定は存しない。そ
　　して，上記のような民衆訴訟の性質等に照らせば，民衆訴訟として法律の
　　定めを欠く訴訟類型が，法律上の争訟である抗告訴訟に関する法律の規定
　　又はその趣旨の類推により創設的に認められると解することはできないか
　　ら（このことは，法定の訴訟類型である選挙無効訴訟において無効原因と
　　して主張し得る事由の範囲の解釈とは事柄の性質を異にするものである。），
　　現行の法制度の下において，本件訴えは不適法であるといわざるを得ない」。
(32)　広島高岡山支判平成 25 年 3 月 26 日判例集不登載。

Ⅱ　市民の参政基盤としての客観訴訟制度

ないし本件選挙制度を改定するための合理的な期間として，不十分であったと認めることは到底できないにもかかわらず，国会は，本件選挙の約1か月前にいわば駆け込み的に緊急是正法（平成24年法律95号）を成立させたのみで，それは，都道府県単位で最小選挙区数を2としており，平成23年衆院選大法廷判決が違憲であると判断した1人別枠方式による定数配分を基礎としたものにすぎず，投票価値の較差是正のための立法措置を行ったとは到底いいがたく，本件選挙施行までに改定された選挙区割りを作成し，これに基づいて本件選挙を施行しなかったことは，国会の怠慢であり，平成23年衆院選大法廷判決など司法の判断に対する甚だしい軽視というほかないと判示して，岡山県第2区の選挙を無効とした。

　平成26年12月14日に行われた衆議院議員総選挙においても，最大判平成27年11月25日民集69巻7号2035頁（以下「平成27年衆院選大法廷判決」という）は，つぎのように指摘する。平成23年衆院選大法廷判決を受けて平成24年法律95号による改正（この改正前の衆議院議員選挙区画定審議会設置法を「旧区画審設置法」といい，旧区画審設置法3条に拠る区割り基準を「旧区割基準」という）があったにもかかわらず，本件選挙区割りにおいては，0増5減の措置（各都道府県の選挙区数を増やすことなく議員1人当たりの人口の少ない5県の各選挙区数をそれぞれ1減ずること）における定数削減の対象とされた県以外の都道府県について旧区割基準に基づいて配分された定数の見直しを経ておらず，1人別枠方式を定めた旧区画審設置法3条2項が削除された後の新区割基準に基づいた定数の再配

第6章　選挙無効訴訟・事情判決・間接強制

分が行われていないことから，いまだ多くの都道府県において，そのような再配分が行われた場合に配分されるべき定数とは異なる定数が配分されているということができる。これでは，平成24年法律95号による改正後の衆議院議員選挙区画定審議会設置法3条の趣旨に沿った選挙制度の整備が実現されているとはいえない。

平成27年衆院選大法廷判決は，本件選挙時に至るまで，本件選挙区割りはなお憲法の投票価値の平等の要求に反する状態にあったものといわざるを得ないとするが，平成25年衆院選大法廷判決を受けて，「この問題への対応や合意の形成に……様々な困難が伴うことを踏まえ，同条の趣旨に沿った選挙制度の整備については，……漸次的な見直しを重ねることによってこれを実現していくことも国会の裁量に係る現実的な選択として許容されていると解される」と説示する[33]。

最大判平成30年12月19日判時2403号4頁は，平成29年10月22日施行の衆議院議員総選挙にかかる無効請求事件について，「平成27年大法廷判決（平成27年衆院選大法廷判決…筆者注）が平成26年選挙当時の選挙区割りについて判示した憲法の投票価値の平等の要求に反する状態は，平成29年改正法（平成29年法律58号…筆者注）による改正後の平成28年改正法（平成28年法律49号…筆者注）

───────────

[33]　このような説示は，対話的違憲審査の有効性からは，歓迎されるのであろうか。対話的違憲審査の理論について，佐々木雅寿「最高裁判所と政治部門との対話」論ジュリ12号（2015年）206頁以下が分かり易く説いている。

189

Ⅱ　市民の参政基盤としての客観訴訟制度

によって解消されたものと評価することができる」と言う。「本件
選挙区割りの下における選挙区間の投票価値の較差は，平成27年
国勢調査の結果による人口の最大較差において1対1.956，本件選
挙当日の選挙人数の最大較差においても1対1.979に縮小され，選
挙人数の最も少ない選挙区を基準として較差が2倍以上となってい
る選挙区は存在しなくなった」。「本件区割規定に係る改正を含む平
成28年改正法及び平成29年改正法による改正は，平成32年に行
われる国勢調査の結果に基づく選挙区割りの改定に当たり，各都道
府県への定数配分を人口に比例した方式の一つであるアダムズ方式
により行うことによって，選挙区間の投票価値の較差を相当程度縮
小させ，その状態が安定的に持続するよう立法措置を講じた上で，
同方式による定数配分がされるまでの較差是正の措置として，各都
道府県の選挙区数の0増6減の措置を採るとともに選挙区割りの改
定を行うことにより，上記のように選挙区間の人口等の最大較差を
縮小させたものであって，投票価値の平等を確保するという要請に
応えつつ，選挙制度の安定性を確保する観点から漸進的な是正を
図ったものと評価することができる」。しかし，宮崎裕子裁判官が
意見として疑問を呈するように，平成28年改正法による改正後の
衆議院議員選挙区画定審議会設置法3条1項（改定案の作成は，各
選挙区の人口の均衡を図り，各選挙区の人口のうち，その最も多いもの
を最も少ないもので除して得た数が2以上とならないようにすることと
し，行政区画，地勢，交通等の事情を総合的に考慮して合理的に行わな
ければならない）及び2項（改定案の作成に当たっては，各都道府県の

190

第 6 章　選挙無効訴訟・事情判決・間接強制

区域内の衆議院小選挙区選出議員の選挙区の数は，各都道府県の人口を
小選挙区基準除数で除して得た数とする）は，実際に適用された選挙
区割りにまだ反映されていない法律である。

　裁判遵守の公益性は保護されなければならない。国会が抱える事
情への理解も必要であろうが，裁判の不遵守に寛容であることは，
法の支配の重大な危機である。日本国憲法 81 条は「最高裁判所は，
一切の法律，命令，規則又は処分が憲法に適合するかしないかを決
定する権限を有する終審裁判所である」と宣明する。最高裁の違憲
立法審査権の権威が傷付けられてはならない[34]。

---

(34)　田中・前掲注(24)42 頁は「判決の中で選挙法の違憲を高らかに宣言は
するが，判決の趣旨が議会によって無視されても，歯のない口に指をくわ
えてみているほかはないということなのである。それは，司法権の本質と
矛盾しないだろうか」と疑問を呈する。最高裁判事であった千葉勝美は，
その著書『違憲審査』（有斐閣，2017 年）のなかで，「違憲立法審査権は法
令の憲法適合性を審査し，憲法秩序を回復するために必要な範囲での法規
定立の権能を本来的に内在している」（44 頁）として，司法部による定数
配分規定の呈示と再選挙実施命令の発出を提言する。「選挙無効の判決を
言い渡す際には，具体的には，まず，中間判決（民事訴訟法 245 条）とし
て，主文において，次のような判断を示すことになる。選挙無効の効力発
生時期について一定の猶予期間（例えば 1 年間）を与え，その期間が過ぎ
てもなお判決の趣旨に沿った公職選挙法改正法が成立していないと最高裁
が判断する場合には，その時点で，最高裁が，人口比例の原則を適用し，
定数配分規定（選挙区割規定）を自ら呈示して，それに従った再選挙を所
定の期間以内に実施することを関係機関に命ずる（再選挙実施命令）こと
になる旨を予告するというものである。そして，猶予期間が終了した時点
で，当該訴訟において，改めて口頭弁論を開いた上でその間の立法府の対
応を評価することになるが，なお適切な較差是正措置がなされていないと
判断する場合には，終局判決の主文において，このような再選挙実施命令

191

Ⅱ　市民の参政基盤としての客観訴訟制度

⑸　最高裁の事情判決は 2 件のみであるが，係争の選挙は違法で
はないとする最高裁判決において，事情判決をもって本件選挙の違
法を宣言すべしとする反対意見が少なくない[35]。その原審では事情
判決であった場合もある。最高裁において事情判決が躊躇される理
由の一つは，いわば定型的な当該判決の繰り返しを懸念するからで
あろうか。「昭和 51 年大法廷判決（昭和 51 年衆院選大法廷判決…筆
者注）の指摘する選挙を無効とすることによる不都合は常に存在す
るということがいえることから，右大法廷判決の立場からは，定数
訴訟においては，定数配分規定を違憲と断定しても，選挙の効力を
否（定）すべきではなく，常に事情判決的処理をすべきこととなるの
ではないか，という議論がされる」[36]，「この事情判決は国会に対す
る一種の警告的な判決であり，違憲の定数配分規定改正のための猶
予期間を与える趣旨のものであると解すると，一旦事情判決におい
て違憲とされた議員定数配分規定を改正することなくこれに基づい
て再度選挙が行われ，これに対し選挙無効の訴訟が提起された場合
には，再度事情判決をすることは許されないという考え方が成立す
る」[37]，「早期・適切な是正を期待した国会がその挙に出でずして荏
苒として時を過し，違憲の議員定数配分規定により選挙が繰り返し

　　　　　　　　　　　
を発するということになろう」（41 頁）。

(35)　直近では，平成 29 年 10 月 22 日施行の衆議院議員総選挙にかかる無
　　効請求事件について，最大判平成 30 年 12 月 19 日判時 2403 号 4 頁におけ
　　る鬼丸かおる裁判官の反対意見。

(36)　濱野惺「判解」前掲注(9)293 頁。

(37)　越山安久「判解」最高裁判所判例解説民事篇昭和 51 年度 163 頁。

第6章　選挙無効訴訟・事情判決・間接強制

行われ，裁判所がこれに対しその都度，事情判決的処理をもつて応
(待)するということになれば，それは正に裁判所による違憲事実の
追認という事態を招く結果となることであつて，裁判所の採るべき
途ではない」(38)，「最高裁判所が議員定数配分違憲訴訟において，議
員定数配分規定を全体として違憲と判断しながら，結論においては
事情判決的処理に終始することがあれば，ひいては主権者である国
民の有する選挙における平等の権利の侵害が放置されることになり
はしないであろうか」(39)。

　選挙無効訴訟での事情判決に代替措置として代償金命令が付随す
れば，事情判決の繰り返しも無意味ではない。代償金は重くなる。
また，違憲状態判決をして，定数配分規定の是正を国会に期待した
にも拘わらず，国会が漫然と放置し新たな選挙が実施されるならば，
次は選挙無効と脅すより，事情判決・代償金の予告の方が遥かに現
実味があり威嚇として効果的なのではないだろうか(40)。間接的強制
力として代償金は実効的である。裁判の不遵守に対して国会に代償
として金銭の支払いが命じられたとの報道は，国民にとって衝撃的
であろう。

───────────────

(38)　昭和60年衆院選大法廷判決における谷口正孝裁判官の反対意見。
(39)　最大判平成5年1月20日民集47巻1号67頁における木崎良平裁判
　　官の反対意見。
(40)　「困ったことは，国会が裁判所の違憲判決があっても，どうせ議員の
　　身分には影響がないからと，違憲の法律を放置して平気になっていること
　　である。最高裁は，その後昭和60年の違憲判決において，国会が違憲の
　　法律を直さなければ，次の機会に当選を無効にするかもしれないと脅して
　　みたが，いっこうに効き目がない」(岡原・前掲注(25)85頁)。

193

Ⅱ　市民の参政基盤としての客観訴訟制度

　立法改正を必要とする国政選挙のやり直しを命ずる判決の決断は,
容易なことではない。「選挙を無効とすることがあり得るといいつ
つ,実際には選挙を無効とすることはないのではないかという危惧
を抱く意見が個別意見において幾つも述べられている」(41)。議員定
数配分規定は選挙区ごとに可分であるとする説を採ったとしても,
将来効判決を採ったとしても,憲法の所期するところに必ずしも適
合しない結果を生ずるリスクに変わりはない。金銭の支払いは,選
挙無効に因る憲法上決して望ましい姿ではない不当な結果をもたら
すことはない。当該代償金命令は,係争の選挙までに果たされな
かった立法改正に対するものであり,将来効判決のように,これか
ら立法措置を講ずるのに,どの程度の期間を要するかを具体的に判
断することもなく,司法権に委ねられた範囲を超えるのではないか
との懸念もない。

　係争の議員定数配分規定の違憲性は,憲法上要求される合理的期
間内における当該規定の是正がなされなかったときに宣せられる。
国会が国民に対して負った議員定数配分規定改正の憲法上の具体的
義務にかかる不履行に対して,事情判決中で国会に代償金を課すこ
とは,国民に憲法上保障されている権利行使の機会を確保するため
に所要の立法措置を執ることが必要不可欠であり,それが明白であ
るにもかかわらず,国会が正当な理由なく長期にわたってこれを怠
る場合に当該立法不作為にかかる個人への賠償責任を認める(42)こ

(41)　平成 27 年衆院選大法廷判決における木内道祥裁判官の反対意見。
(42)　前掲注(21)。

第 6 章　選挙無効訴訟・事情判決・間接強制

とと平仄が合わぬことではない。

　提案する代償金は，公選法 204 条所定の訴訟の形式を借りて提起する議員定数配分規定の違憲を理由とする選挙無効訴訟の無理に加えて，一般的な法の基本原則として適用する事情判決の無理に重ねて，さらに無理を積むとの批判があり得よう。しかし，国民は，最高裁の法解釈の工夫のおかげで[43]，違憲な議員定数配分規定に基づいて選挙が行われている実態を知ることができた。選挙制度にかかる国会の憲法軽視・立法府の為すべきことを認識することができた。議員定数配分規定の違憲を理由とする選挙無効訴訟・事情判決が憲法の番人としての司法権のやむを得ない無理であるならば[44]，なお

（43）　公選法 204 条所定の訴訟の形式を借りて提起する議員定数配分規定の違憲を理由とする選挙無効訴訟にみる最高裁の法解釈の工夫を裁判所の独自の創造的活動として高く評価する見解がある（佐藤幸治『日本国憲法論』（成文堂，2011 年）589〜590 頁。

（44）　この無理につき，雄川・前掲注(15)589 頁は「通常の法理・法原則を，『高次の法的見地』から否定し，その適用を具体的場合に除外することは，一般的に言って珍しいことではない。例えば，私法における権利濫用やクリーンハンドの法理，刑法における正当防衛や期待可能性の理論，公法における統治行為や抵抗権の理論など，その具体的内容を異にし，また，実定法化されているものもあり，不文の法理として説かれているものもあるけれども，いずれも基本的にはこのような性格をもつものであると言い得るであろう。このように考えれば，……定数配分の是正は国会の立法措置に俟つほかはないのだから，その国会の機能を保全するために選挙を無効となし得ないという帰結も，憲法ないし選挙法の解釈として成立し得る一つの理論と言い得よう」と評する。また，長谷部恭男「投票価値の較差を理由とする選挙無効判決の帰結」法教 380 号（2012 年）40 頁注 10)は，裁判によって実現されるべき具体的正義と制定法との差異に関わる問題として「事情判決の法理については，法の支配の理念に反するとの批判があ

Ⅱ　市民の参政基盤としての客観訴訟制度

のこと制度に実効性をもたせることが肝要である。最高裁の解釈的
工夫による事情判決に基づいてこそ，私の提案する代償金を裁判所
が代替措置として命じ得る。

　議員定数配分規定の違憲性を無効原因として主張する公選法204
条の訴えの適法性に関する判例法理は既に確定している。判決に実
効力がなければ，憲法の番人としてなしたこれまでの高次の法的見
地からのやむを得ない無理に意味が無い。裁判所が国会に代償金の
支払いを権限として命令し得るリアリティーは，議員定数配分規定
改正の間接的強制力となる。損なわれた裁判の威信に無策であるこ
とは耐え難い。

4　おわりに

　以上，公選法204条に拠る議員定数配分規定の違憲を理由とする
選挙無効訴訟では，事情判決において，理由ある請求を棄却される
原告側への代替措置が欠けていること，議員定数配分規定改正の実
効性にかかって裁判の遵守という公益性が著しく傷つけられている
ことを指摘し，その問題解決のために，間接強制として，事情判決
に付随して国会に一定額の金銭の支払いを命ずることを提案した。

───────────────
　るが，そもそも具体的正義の実現について法令のなしうる役割に限界のあ
　ることが事情判決の法理の背景にある以上，こうした批判は必ずしも当を
　得たものではない」との理解を示している。評価の詳細につき，君塚正臣
　「事情判決の法理──議員定数不均衡問題を素材に──」『司法権・憲法訴訟
　論上』（法律文化社，2018年）434頁以下参照。

第 6 章　選挙無効訴訟・事情判決・間接強制

　選挙無効訴訟の機能性を高めるために，さらに，以下の公選法改正が望まれる。

　公選法 204 条所定の被告は，当該選挙事務を管理する中央選挙管理会・選挙管理委員会である。行訴法は，平成 16（2004）年の改正（平成 16 年法律 84 号）により，取消訴訟の被告を行政庁主義から行政主体主義へと変更した（行訴 11 条 1 項）。民衆訴訟で処分の取消し又は無効確認を求めるものについては，行訴法 11 条の規定が準用されるので，被告は行政主体となる（行訴 43 条 1 項・2 項，38 条 1 項）。公選法 204 条の選挙無効訴訟の被告の定めは特別法であるが，公選法 204 条にかかって最高裁が採る「選挙の規定に違反することがあるとき」（公選 205 条 1 項）は，具体的選挙の管理執行手続規定に違反する場合のみでなく，選挙に関する法令の規定が憲法に違反する場合をも含むのであるから，衆議院議員又は参議院議員の選挙の効力に関する訴訟の被告を国へと変更することが有意である(45)。行訴法改正の趣旨からして，この特別法改正は困難ではなかろう。

　事情判決にかかる訴訟費用の負担は，原告勝訴の場合と同様に扱うべきとされている(46)。ただし，選挙無効訴訟には，住民訴訟に存在する原告勝訴の場合の弁護士報酬の支払い請求（自治 242 条の 2第 12 項）についての規定がない。しかし，法の遵守に貢献した公

---

(45)　住民訴訟を規定する地方自治法 242 条の 2 第 1 項 2 号は，行訴法 11条を準用する（自治 242 条の 2 第 11 項，行訴 43 条 1 項・2 項，同 38 条 1項）。

(46)　杉本良吉「行政事件訴訟法の解説(二・完)」法曹 15 巻 4 号（1963 年）39 頁。

Ⅱ 市民の参政基盤としての客観訴訟制度

益の代表者に，訴訟代理人である弁護士の費用として相当額を認め
るべき必要性は，住民訴訟と選挙無効訴訟と同じではないだろうか。
公選法に地方自治法242条の2第12項と同様の規定を設けるべき
ではないだろうか。

　これら規定改正の実現によって公選法所定の選挙無効訴訟は一段
と機能性を高めることを期待し得る。

結　び——客観訴訟制度の存在理由

（1）　客観訴訟の法理の分析から導出される実践的な手続的効果こそが，客観訴訟制度の存在理由，客観訴訟の制度上の意義である（第1章）。

客観訴訟の法理を踏まえて，現行の客観訴訟制度（第2章4，5）の趣旨に反しない訴訟要件・審理手続・判決の効力の整備が求められる。客観訴訟性に適合する訴訟手続形成を裁判所の創造的活動に期待したい。

（2）　最高裁判所（以下「最高裁」という）は，客観訴訟の本質から導いて，つぎのような手続的効果を判示する。民衆訴訟の一類型である住民訴訟の原告は，「公益の代表者」[1]である。そうであるから，「住民訴訟において，これを提起した住民は，その請求を放棄することができない」[2]。確かに，住民全体の利益のために請求した当該地方公共団体の財務行政の適正化を私的に処分することは馴染まない。民事訴訟法（以下「民訴法」という）40条1項に拠れば，類似必要的共同訴訟について，共同訴訟人の一部の者がした訴訟行為は全員の利益においてのみその効力を生じ，共同訴訟人の一部の者が

---

(1)　最判昭和53年3月30日民集32巻2号485頁。参照，最大判平成9年4月2日民集51巻4号1673頁。

(2)　最判平成17年10月28日民集59巻8号2296頁。

199

結　び

した上訴は上訴をしなかった他の共同訴訟人に対しても効力をもつ。しかし，最高裁は，複数住民による住民訴訟は類似必要的共同訴訟であるが，上訴をせずまたは上訴を取り下げた共同訴訟人は上訴人にならない，とする。その理由として，「住民訴訟においては，複数の住民によって提訴された場合であっても，公益の代表者としての共同訴訟人らにより同一の……公益上の請求がされているのであり，……提訴後に共同訴訟人の数が減少しても，その審判の範囲，審理の態様，判決の効力等には何ら影響がない。そうであれば，住民訴訟については，自ら上訴をしなかった共同訴訟人をその意に反して上訴人の地位に就かせる効力までが行政事件訴訟法7条，民訴法62条1項（現40条1項——筆者注）によって生ずると解するのは相当でなく」，「この理は，いったん上訴をしたがこれを取り下げた共同訴訟人についても当てはまるから，……その者は上訴人ではなくなるものと解される」[3]と説く。さらに，最高裁は，住民訴訟は原告を含む住民全体の利益のために提訴されるからには，「住民訴訟の判決の効力が当事者のみにとどまらず全住民に及ぶと解される」[4]として，判決の対世性を判示する。

　(3)　住民訴訟は，監査請求前置を訴訟要件として，それを原告たる当該地方公共団体の住民に求めている。地方自治法（以下「地自法」という）242条の2第1項が，「普通地方公共団体の住民は，前条第1項の規定による請求をした場合において」と定める。現行で

---

(3)　最大判平成9年4月2日・前掲注(1)。

(4)　最判昭和53年3月30日・前掲注(1)。

結 び

は，訴訟を提起することができるのは，監査請求をした者に限られる，と解されている。しかし，住民監査請求前置は，公益の代表者として提訴される客観訴訟の訴訟要件であり，事案が監査請求を経ていれば，当該訴訟要件を充たすと解釈する方が，合理的なのではないだろうか。地自法242条の2第4項が，他の住民に同一請求の別訴を禁じており，重複訴訟を懸念することもない。「監査請求をした住民が当局側となれ合いで出訴を取りやめたときは，他の住民は，同一事案について再度監査請求をしないかぎり出訴できないという欠点」[5]もない。選挙訴訟では，公職選挙法（以下「公選法」という）203条所定の選挙の効力に関する訴訟において出訴し得る者は，異議の申出人（公選202条1項）又は審査の申立人（公選202条2項）で不利な決定又は裁決を受けた者に限らず，選挙に関する訴訟が，専ら一般公益のために選挙の違法性を匡正することを目的とする民衆訴訟であることの性質に鑑み，他の選挙人又は候補者で不服がある者も含むとされている[6]。

客観訴訟は，公益の代表者としての提訴であることからして，原告の人数が減っても，一つの公益上の請求であることに変更はない。したがって，提訴後の原告のなかでの死亡・資格の喪失・訴えの取

---

(5)　成田頼明「住民訴訟（納税者訴訟）」田中二郎ほか編『行政法講座第3巻行政救済』（有斐閣，1965年）214頁。山本隆司教授は，「立法論として合理的と考えられる」とする（南博方原編著『条解行政事件訴訟法［第4版］』（弘文堂，2014年）183頁）。

(6)　安田充＝荒川敦編著『逐条解説公職選挙法(下)5版』（ぎょうせい，2013年）1581～1582頁，1599～1600頁。

201

結　び

下げは，訴訟の追行に影響を及ぼさない。原告が存在しなくなった
場合には訴訟は終了するが，次のような指摘がある。「原告が1名
で訴訟追行が行われ，当該地方公共団体の財務会計上の重要問題が
争点となっているような場合には，当該原告の死亡によりそれまで
積み重ねられてきた訴訟状態が一挙に履滅させられることとなり，
制度本来の趣旨にもとる結果を惹起する場合もないとはいえない。
もちろんそのために当初監査請求をするときから，相当人員の住民
によりこれを行ない，かつ，訴の提起も相当人員をもって行なう
ということが考えられるわけであるが，もともとこの制度は，住民
の一人によっても地方の財政運営の公正が確保されるということを
予定しているのであるから，立法論的には何らかの手当が必要では
ないだろうか」[7]。公益の代表者としての提訴である客観訴訟におい
ては，他の資格者による原告の地位の承継が認められて然るべきで
ある。

　住民監査請求・住民訴訟においては，当該地方公共団体の住民で
なくなれば，争訟権を失うとされているが，しかし，係争の財務会
計上の行為時に当該地方公共団体の住民であれば，争訟権は変わら
ないとして足る，と解し得るのではないだろうか。監査請求時に資
格を有すれば問題ないとすることは，争訟のために，当該地方公共
団体の住民となる者を避けられない。選挙争訟にあっては，選挙権
の有無は選挙の当時で判断すべきもので，その後選挙区及びその所

---

(7)　濱秀和「判批」ジュリ臨増743号昭和55年重要判例解説（1981年）58
頁。

結　び

属選挙人がどのように変化しても，争訟の提起権に何らの変更をもたらさない，と解されている[8]。

　最高裁は，衆議院議員選挙の無効請求訴訟は，衆議院の解散によって訴えの利益を失うと判示し[9]，条例の廃止を求める直接請求のための署名簿の署名の効力に関する訴訟の係属中，条例が廃止された以上，請求をなす法律上の利益がないと判示する[10]。しかし，法規の適用の客観的適正を求める客観訴訟の訴えの利益は客観的なものであり，消滅することはないのではないだろうか。たとえ，衆議院が解散されても，条例が廃止されても，実施された選挙が，集められた署名が，法の適正な秩序の遵守であったか否かを裁判上問うという客観的な利益は残るのではないだろうか。当該選挙が無効であったのか有効であったのか，当該直接請求が成立していたのか否か，それを裁判上明らかにする公益性は極めて重要なのではないだろうか。実際に，訴訟の結果如何によって，例えば，その後の手続的差異等を生ずることなどが真に全く無いのであろうか。

　知事辞任後における知事当選無効訴訟において，「富山県知事館哲二が昭和22年11月中辞任したこと公知のことであるによつて当

---

(8)　安田＝荒川・前掲注(6)1558頁。大和勇美「住民訴訟の諸問題」鈴木忠一＝三ヶ月章監修『実務民事訴訟講座9』（日本評論社，1970年）55頁は，両者の相違を，「選挙の公正は国家的法益に属する」が，「住民訴訟は特定の自治体の自治権の範囲内に関する訴訟」であるから，とする。しかし，選挙にも，特定の自治体の自治権の範囲内に属する争訟が存する。

(9)　最判平成17年9月27日判時1911号96頁。

(10)　最判昭和36年3月30日民集15巻3号629頁。

結　　び

裁判所に顕著である。従つて館哲二を知事の地位からしりぞけると
いう結果のみからみれば本件訴はその目的を欠くに至つて，訴の利
益なしということができるけれども，館哲二の当選が無効である場
合には，さらに選挙を行うことなく選挙会を開いて当選者を定める
手続に進むこともあり得るのに，当選無効の判決によらず知事辞任
によつて知事を欠くにいたつた場合には必ず特別選挙によつて知事
を選挙せねばならないのであるから，館哲二の知事辞任によつて訴
の利益がなくなるとはいえない。当選の有効無効は，なお，これを
判決によつて定めなくてはならない」[11]と判示する裁判例がある。

　(4)　行政事件訴訟法（以下「行訴法」という）所定の客観訴訟の
審理手続は，行訴法43条に定める抗告訴訟又は当事者訴訟に関す
る規定の準用によるほか，同法7条に基づく。行訴法7条は，「行
政事件訴訟に関し，この法律に定めがない事項については，民事訴
訟の例による」と規定する。現行において，行訴法上の客観訴訟の
審理手続は，民事訴訟の例によって，当事者主義を採る。行訴法は，
客観訴訟の手続きについて，弁論主義を採用している。弁論主義に
基づくならば，判決の基礎資料は当事者が現実に提出したものに限
られる。裁判所は，当事者の弁論に現れた主張と証拠のみを根拠と
して，審理をおこなう。

　しかし，例えば，当事者の主張に拘わることなく，無効な選挙・
無効な当選決定は無効とされなければならない。公選法209条は，

---

(11)　名古屋高判昭和23年1月20日行政裁判月報3号64頁。

結　び

当事者が主張しない当該選挙の無効事由が存在することを前提とした規定である。弁論主義に拠れば，争われている当選人の当選は無効とならず，その効力を争われていない他の当選人の当選が無効であることが判明しても，その者の当選を無効とすることはできない。裁判所は，請求棄却の判決をすることになる。しかしながら，客観訴訟である本件では，本件選挙会における当選人の決定手続に重大な瑕疵があり，全員の当選人決定が無効であり，したがって，本件当選人の当選決定も無効である，との判決が適う。当選決定手続の性質からして，特定人への当選の効力に関する訴訟が提起されれば，同一決定手続内の他の当選人の決定も争われていると解し得る。判決には対世効を要する(12)。判決の趣旨に沿って，本件選挙における当選人の決定手続がやり直されて然るべきである（公選96条）。選挙は公共の機関を構成するための手続であり，その手続が公正に行われることを確保することは公益上極めて重要なことである。客観訴訟の審理は，直接の訴訟当事者の主張・立証活動に限定される当事者主義にとどまることはできない。

　客観訴訟の審理手続は，裁判所に主導権を与える職権主義が適合する。裁判所は，職権探知を執る職権審理の職責を有し，当事者は，裁判官の後見的配慮の下に，互いの弁論を尽くす。第2章2(3)及び

---

(12)　参照，福岡高判昭和29年11月20日行集5巻11号2596頁「当選の有効又は無効を確定した判決は，当落の結果を画一的に確定させねばならないこの種当選争訟の性質上当然対世的効力を有し，これに反する主張も，判断も許されないものと解する」。

205

結　び

第3章で示唆した客観訴訟審理手続形成のモデルである。客観訴訟手続における職権主義の要請は，主観訴訟の場合よりも遥かに顕著である。

　客観訴訟は公益のために公益の代表者によって提訴される（第4章）。公益の代表者として万人のための訴えであるのに，原告のみに訴訟追行の労を求めることは不合理である。原告の訴訟行為の負担が重ければ重いほど，訴訟の結果は，原告の訴訟追行能力に左右される。客観訴訟は，客観的な法秩序を維持するための訴訟である。何が客観的法秩序であるかの帰趨は，特定個人の訴訟追行の巧拙等に馴染むものではない。客観訴訟の原告は，客観的法秩序の維持という公益のための訴訟手続上の技術的当事者である。客観訴訟においては，自己の利益のためではない公益のための訴訟手続上の技術的当事者を主張・立証の自己責任から解放する職権探知を含む裁判所の積極的な職権審理が要請される。職権主義が採用されれば，当事者の意思の儘を紛争解決基準となし得る処分権主義は制限される。公益のため万人のための請求を，原告が私的に処分することは認められない。何が適正な法秩序であるかの判断は，当事者が自由に処分し得る問題ではない。

　客観訴訟の勝訴判決は，客観的な法秩序の回復である。法秩序は万人に対して回復されなければならない。したがって，その勝訴判決は，万人によって援用され得なければならないし，万人に対抗可能でなければならない。客観訴訟の勝訴判決は法規範であり，理論的帰結として対世効が付与される。そうであるからには，客観訴訟

206

結　び

の審理手続は，誰が訴訟当事者であっても，誰が訴訟参加しても，
同じ結論になるとの信頼を必要とする。客観訴訟の判決は，相当広
範囲の多数者の正義・衡平感覚を反映したコンセンサスによって支
持・承認され得るものでなければならない。訴訟資料を豊富にして，
裁判官の判断を助けるために，適正手続の保障（憲31条）・裁判を
受ける権利（憲32条）から解放された広い参加制度の整備が望ま
れる。判決の対世効は，第三者にとっては，有利とも不利ともなる。
訴訟に参加しない第三者に判決効を及ぼすことについて，訴訟手続
において十分に配慮されなければならない。

　公益のために公益の代表者として出訴する客観訴訟において，原
告のみに訴訟費用を負担させることは不合理である。提訴後の裁判
所による積極的な職権審理は，原告の訴訟費用の軽減に寄与する。
本人訴訟も可能となろう。第2章4で示した現行法上の客観訴訟に
は，書面審理・職権主義に馴染むものも多い。原告が負担する訴訟
費用の軽減は，現行の客観訴訟制度の活性化に貢献しよう。

　客観訴訟に勝訴し，公益に貢献した原告が支払う弁護士費用の公
費負担が検討されて良いであろう[13]。支払いは相当と認められる額
とされようが，当該弁護士費用も公金支出であるからには，ルール
を定め，支払基準を明確にしておくことが，市民への説明責任とし
ても望ましい。違法行為を前提に備えるということには抵抗もあろ
うが，既に，多くの地方公共団体が，当該地方公共団体又は長が当

---

(13)　参照，地自法242条の2第12項，日弁連による環境団体訴訟法案21
　　条1項。

207

結　び

事者である訴訟の弁護士報酬支払の基準を定めている。地自法242
条の2第12項にかかって言えば，住民訴訟の被告側の訴訟代理人
弁護士に支払われる報酬の基準は明示されている。

　また，客観訴訟は自己の利益のためではないことから，訴訟費用
敗訴者負担の原則（行訴7条，民訴61条）の適用にあたっては，提
訴に有意性が認められる場合などには，配慮がなされて然るべきで
ある。客観訴訟と訴訟費用敗訴者負担の原則との関係については，
今後の検討課題である。

　客観訴訟制度を発展させる審理手続・判決の効力等は，第5章・
第6章で検討したように，まだまだ，創造的形成の余地を有する。

　(5)　客観訴訟の本質に適う訴訟手続の法解釈・法整備が求められ
る。客観訴訟のための手続きは，行訴法上，特別法で定め得る（行訴
42条）。客観訴訟性に沿う手続的な整備が，現行の客観訴訟制度の
利用を活性化し，立法による新しい客観訴訟制度の誕生を実現する。

　客観訴訟の法理の分析から導出される実践的な手続的効果こそが，
客観訴訟制度の存在理由，客観訴訟の制度上の意義である。

事項索引

【あ行】

アダムズ方式‥‥‥‥‥‥‥‥‥‥‥‥ *190*
争いの具体性‥‥‥‥‥‥‥‥‥‥‥‥ *20*
違憲審査‥‥‥‥‥‥‥‥‥‥‥‥ *21, 22*
違憲審査権‥‥‥‥‥‥‥‥‥‥‥ *21, 22*
違憲立法審査‥‥‥‥ *142, 160, 163, 185*
違憲立法審査権‥‥‥‥‥‥‥‥‥‥‥ *23*
違憲立法審査の手法‥‥‥‥‥‥‥‥ *160*
一般公益の保護‥‥‥‥‥‥‥‥‥‥‥ *11*
一般人の見解‥‥‥‥‥‥‥‥‥‥‥ *128*
一般性をもつ瑕疵‥‥‥‥‥‥‥‥‥ *168*
一般的な法の基本原則‥‥‥‥ *134, 168,*
　　　　　　　　　　　　　　172, 177
「一般的な法の基本原則」として
　の事情判決‥‥‥‥‥‥‥‥‥‥ *179*
一般的な法の基本原則として適用
　する事情判決‥‥‥‥‥‥‥‥‥ *195*
一票の較差是正‥‥‥‥‥‥‥‥ *179, 182*
氏子集団の構成員の信教の自由‥ *84, 85*
訴えの利益‥‥‥‥‥‥‥‥‥‥ *203, 204*
応答義務‥‥‥‥‥‥‥‥‥‥‥‥‥‥ *93*
怠る事実の違法確認‥‥‥‥‥‥ *78, 83, 86*

【か行】

開示請求権‥‥‥‥‥‥‥‥‥‥‥‥‥ *17*
解釈訴訟‥‥‥‥‥‥‥‥‥‥‥‥‥‥ *28*
解職請求‥‥‥‥‥‥‥‥‥‥‥‥‥ *103*
改正公選法（昭和 61 年法律 67 号）
　‥‥‥‥‥‥‥‥‥‥‥‥‥‥‥‥ *169*
改正公選法（平成 12 年法律 118 号）
　‥‥‥‥‥‥‥‥‥‥‥‥‥‥‥‥ *150*
改正地自法（平成 29 年法律 54 号）

242 条 10 項‥‥‥‥‥‥‥‥‥‥‥‥ *112*
片面的「法律上の争訟」‥‥‥‥‥‥‥ *10*
環境団体訴訟法案‥‥‥‥‥‥‥‥‥ *137*
監査請求前置‥‥‥‥‥‥‥‥‥‥‥ *200*
間接強制‥‥‥‥‥‥‥‥‥‥‥‥‥ *181*
間接的強制力‥‥‥‥‥ *177, 181, 193, 196*
間接的政治参加‥‥‥‥‥‥‥‥‥‥ *103*
議院自律権‥‥‥‥‥‥‥‥‥‥‥‥ *153*
議員定数配分規定‥‥‥‥ *116, 150, 165*
議員定数配分規定違憲・違憲状態
　判決の実効性‥‥‥‥‥‥‥‥‥ *166*
議員定数配分規定改正の憲法上の
　具体的義務‥‥‥‥‥‥‥‥‥‥ *194*
議員定数配分規定可分説‥‥‥‥ *176, 194*
　──不可分説‥‥‥‥‥‥‥‥‥ *176*
議員の失職に関する訴訟‥‥‥‥‥‥ *16*
議会解散請求‥‥‥‥‥‥‥‥‥‥‥ *103*
議会による統制‥‥‥‥‥‥‥‥‥‥ *125*
議会の瑕疵ある議決に対する長の
　処置にかかる訴訟‥‥‥‥‥‥‥ *15*
議会の権利放棄議決‥‥‥‥‥‥ *110, 112*
機関訴訟‥‥‥‥‥‥ *4, 13, 20, 32, 67*
議決権の濫用‥‥‥‥‥‥‥‥‥‥‥ *112*
客観訴訟性に適合する訴訟手続形
　成‥‥‥‥‥‥‥‥‥‥‥‥‥‥‥ *199*
客観訴訟手続形成のモデル‥‥‥ *98, 206*
客観訴訟手続における職権主義の
　要請‥‥‥‥‥‥‥‥‥‥‥‥‥‥ *206*
客観訴訟としての民衆訴訟‥‥‥‥ *37, 65*
客観訴訟に対応する上告制度‥‥‥‥ *95*
客観訴訟の訴えの利益‥‥‥‥‥‥‥ *203*
客観訴訟の勝訴判決‥‥‥‥‥‥ *63, 206*
客観訴訟の法理‥‥‥‥ *5, 6, 14, 199, 208*

209

事項索引

客観訴訟の本質 …………………… *199, 208*
客観的真実の発見の要請 …………… *28*
客観的な訴えの利益 ………………… *26*
客観的な適法性の確定 … *90, 92, 93, 95*
客観的な法秩序の維持 …… *62, 95, 206*
客観的な法秩序の回復 …… *63, 206*
客観的な利益 ………………………… *203*
客観的法秩序 ………………… *27, 62*
行政活動の適法性の維持 ……… *67, 86*
行政権の法解釈と司法統制 ………… *28*
行政裁判所 …………………………… *178*
行政裁量判断過程の手続的審査方
　式 ………………………………… *146*
行政作用たる客観訴訟 ……………… *96*
行政作用たる裁判 …………………… *19*
行政作用の適法性審査 ……………… *18*
行政事件訴訟法 …………… *3, 10, 67*
　1 条 ……………………………… *3, 31*
　2 条 …………… *3, 31, 36, 57, 68*
　3 条 …………………………… *18, 36*
　5 条 ……… *3, 11, 13, 31, 32, 38, 39,*
　　　45, 67, 86, 133, 167, 186
　6 条 …………………… *3, 13, 67*
　7 条 …………… *24, 57, 62, 63,*
　　　67, 87, 200, 204
　9 条 ……………………………… *36, 56*
　10 条 ……………………………… *36, 56*
　11 条 ……………………………… *197*
　13 条 ……………………………… *58*
　16 条 ……………………………… *58*
　18 条 ……………………………… *58*
　19 条 ……………………………… *58*
　21 条 ……………………………… *58*
　23 条の 2 ………………………… *59*
　24 条 ……………………………… *92*
　25 条 ……………………………… *58, 60*
　29 条 ……………………………… *58*

　31 条 … *58, 134, 167, 168, 177, 178, 179*
　33 条 ……………………………… *18, 150*
　34 条 ……………………………… *58*
　36 条 ……………………………… *56*
　38 条 ……………………………… *39*
　39 条 ……………………………… *56*
　40 条 ……………………………… *56*
　42 条 …… *4, 10, 11, 14, 18, 21, 22, 23,*
　　　32, 37, 39, 44, 45, 60, 64,
　　　65, 86, 98, 133, 137, 208
　43 条 ……………… *24, 32, 53, 56, 57, 58,*
　　　61, 86, 168, 197, 204
行政主体の公益判断の再考 ……… *34*
行政の適法性の確保 ……………… *13*
行政不服審査法 25 条 …………… *60*
行訴法上の客観訴訟の審理手続 …… *204*
漁業法に基づく訴訟 ……………… *50*
緊急是正法（平成 24 年法律 95 号）· *188*
近代型の, 個人主義的な訴訟体系
　………………………………… *29, 65*
偶数配分制 ………………………… *152*
具体的選挙の管理執行手続規定 …… *197*
群馬中央バス事件の第 1 審 ……… *147*
警察法（昭和 29 年法律 162 号）…… *144*
現行の客観訴訟（制度）……… *199, 207*
現行の選挙制度の仕組み自体の見
　直し ……………………………… *170*
原告の訴訟費用の軽減 …………… *207*
原告の地位の承継 ………………… *202*
現職議員の既得権益 ……………… *114*
現代型訴訟 ………………………… *38*
憲法が禁じた公金支出 …………… *131*
憲法上要求される合理的期間 …… *173,*
　　　180, 194
憲法秩序の下における司法権と立
　法権との関係 …………………… *120*
憲法の番人 ………………………… *195, 196*

210

事項索引

憲法の予定しない事態·········· *172, 174*
憲法擁護義務································ *187*
公　　益··························· *32, 33, 35, 36*
　　——の代表者 · *5, 25, 26, 54, 62, 86, 94,*
　　　　　　　105, 106, 126, 127, 199,
　　　　　　　200, 201, 202, 206, 207
　　——の適正な実現··············· *32, 34*
公益保護のための上告制度··········· *94*
合憲性の基準を満たす選挙制度··· *121,*
　　　　　　　　　　　　　　　　123
抗告訴訟································· *61*
高次の法的見地·················· *168, 196*
公職選挙法（「公選法」）· *4, 115, 165, 201*
　　1 条····································· *40*
　　4 条···································· *118*
　　5 条···································· *119*
　　24 条······························ *48, 49, 54*
　　25 条················· *48, 49, 54, 60, 108*
　　30 条の 8 ····························· *50*
　　30 条の 9 ························· *50, 60*
　　96 条·································· *205*
　　109 条 4 号················· *43, 132, 165*
　　202 条························ *41, 166, 201*
　　203 条·· *4, 25, 41, 42, 44, 58, 59, 68, 116,*
　　　　　 118, 126, 132, 133, 166, 201
　　204 条···· *4, 5, 42, 43, 44, 45, 58, 59, 68,*
　　　　　 115, 116, 118, 126, 132, 133, 165,
　　　　　 166, 167, 174, 182, 195, 196, 197
　　205 条···················· *42, 44, 50, 197*
　　206 条······························ *46, 58*
　　207 条················· *4, 46, 58, 59, 68, 126*
　　208 条················· *4, 46, 58, 59, 68, 126*
　　209 条····················· *47, 58, 59, 204*
　　210 条·································· *48*
　　211 条·································· *48*
　　213 条······························ *58, 60*
　　214 条······························ *58, 60*

　　217 条···························· *68, 126*
　　219 条······ *48, 58, 59, 60, 134, 168, 177*
　　別表第 1 ···························· *186*
公選による代表者······················ *137*
公選法改正（昭和 61 年法律 67 号）*169*
公選法改正（平成 18 年法律 52 号）*117*
国勢調査···················· *128, 150, 190*
国民訴訟································· *19*
国民的議論························· *22, 132*
国民投票············· *103, 104, 123, 126*
国民投票無効の訴訟············· *14, 28, 29*
国民の政治的審判····················· *162*
　　——政治的批判····················· *162*
国会による自発的是正················· *175*
国会の議事手続························· *145*
国会の裁量権の限界··········· *169, 180*
国会の怠慢····························· *158*
国会の立法過程························· *142*
国会の立法裁量権··············· *143, 158*
異なる訴訟手続の必要性·· *23, 24, 29, 65*
個別的瑕疵····························· *168*
固有の司法権の作用··············· *20, 21*
固有の司法権の内容····················· *12*

【さ行】

在外国民································· *158*
在外選挙人································ *50*
在外投票人································ *54*
最高裁の違憲立法審査権の権威···· *191*
最高裁の解釈的工夫による事情判
　　決····································· *196*
最高裁の負担軽減················· *70, 97*
最高裁判所裁判官国民審査法········· *51*
最高裁への上告理由····················· *70*
裁判官の後見的配慮··················· *205*
裁判遵守の公益性··············· *166, 191*
裁判所調査官···························· *28*

211

事 項 索 引

裁判所に主導権を与える職権主義· 205
裁判所の機能拡大·························30
裁判所の行政監督·························96
裁判所の行政作用·························18
裁判所の政治的中立性···················139
裁判所法3条1項················ 10, 11, 29,
　　　　　　　　　　　　　45, 104, 123
裁判手続による行政·····················96
裁判によって実現されるべき具体
　的正義··································195
裁判の固有の機能·····················29, 30
裁判の遵守·······························166
裁判の遵守という公益性(の保護)· 182
　──という公益性·····················196
裁判を受ける権利················· 14, 27, 63
作為的な立法過程·······················157
差止めの訴え····························186
参加制度の整備··························207
参議院合同選挙区の実施··············184
三権のチェック・アンド・バラン
　ス·······································23
三権分立·····························19, 22
　──・牽制······························11
参政権··························· 103, 114, 123
参政への司法的アプローチ···· 104, 140
私益と公益の差異·························66
私益保護の意図···························36
事件・争訟性の擬制·····················21
事件・争訟性の要件·····················21
自己責任·································29
　──の原則···························27, 63
事実審···························· 68, 74, 75
　──の違法な事実認定··············75
事実認定のための証拠調べ···········75
事情判決··········· 134, 167, 168, 169, 172,
　　　　　175, 177, 178, 181, 182, 194
　──にかかる訴訟費用の負担···· 197

　──の繰り返し·················· 175, 193
事情判決後の選挙無効判決··········176
事情判決制度に基づく代替措置···· 180
事情判決的処理···················· 192, 193
事情判決適用の要件···················178
市町村に対する都道府県の関与に
　関する訴え······························15
市町村の合併の特例に関する法律··· 52
実践的な手続的効果·············· 199, 208
実体的合憲性····························156
実体判断代置方式··········· 146, 149, 160
司法権固有の領域······················12, 23
司法権による立法過程の法的評価
　································ 161, 162
司法権の限界····························176
司法権の範囲··········· 12, 20, 21, 22
司法審査············ 142, 143, 154, 163
司法制度改革審議会·····················64
司法の概念·······························12
司法の行政に対するチェック機能··· 65
　──の強化······························64
市民の参政基盤···························35
市民の政治参加···························35
市民への説明責任·······················207
事務監査請求··········· 103, 135, 136, 137
釈明義務································88, 93
釈明義務違反··········· 87, 88, 89, 90
釈明権································82, 83
釈明権不行使··························88, 89
釈明処分の特則···························59
社寺等に無償で貸し付けてある国
　有財産の処分に関する法律··········96
衆議院議員選挙区画定審議会········188
衆議院議員選挙区画定審議会設置
　法························· 122, 189, 190
自由心証主義··························75, 89
自由選挙·································114

事項索引

自由にして公正な選挙制度 ···· 114, 141,
　　　　　　　　　　　　　　142, 163
重複訴訟 ································· 201
住　民 ···························· 107, 108
　──のイニシアティブ ··········· 112
　──の監視と批判 ············ 136, 137
住民監査請求 ·· 54, 86, 105, 135, 136, 137
住民監査請求前置 ················ 94, 201
住民参政 ····························· 105
住民自治 ····························· 108
住民全体の利益 ········· 24, 55, 105, 106,
　　　　　　　　　　　126, 199, 200
住民訴訟 ·················· 4, 24, 54, 61, 78,
　　　　　　　　　86, 94, 104, 106, 107
　──の判決の効力 ················· 24
住民訴訟制度の訴権 ················ 105
住民投票 ············ 103, 104, 123, 126
主観訴訟 ·········· 3, 4, 5, 13, 36, 63, 137
　──としての取消訴訟 ········· 37, 65
主観訴訟体系 ························· 65
主観的権利保護の体系 ··············· 65
主観的利益性 ························· 20
主観的利益の保護 ··················· 29
上　告 ······························· 68
　──の制限 ························· 70
上告受理申立制度 ················ 70, 71
上告受理申立理由 ········· 73, 74, 77, 91
上告審としての管轄 ················· 68
上告制度 ················· 67, 69, 74, 77, 90
上告理由 ················· 73, 74, 77, 91
情報公開請求訴訟 ··················· 17
将来効判決 ······· 173, 174, 175, 176, 194
条例の制定改廃請求 ················ 103
条例の直接請求制度 ················ 166
昭和 7 (1932) 年の行政訴訟法案
　174 条, 175 条 ···················· 177
職　権 ······························· 73

──で破棄 ···· 72, 73, 81, 83, 84, 92, 95
職権主義 ················ 27, 63, 97, 206, 207
職権証拠調べ ··············· 89, 92, 93, 97
職権審理 ··········· 63, 98, 127, 206, 207
職権探知 ····················· 77, 93, 206
　──を執る職権審理 ··············· 205
職権探知主義 ················ 27, 29, 59, 76
職権調査事項 ··················· 76, 77, 93
職権破棄 ··················· 76, 90, 95, 97
職権破棄事由 ···················· 89, 93
処分権主義 ·············· 63, 127, 206
署名に関する訴訟 ··················· 60
署名の効力についての訴訟 ··········· 52
書面審理 ····························· 207
所要の立法措置 ············ 159, 160, 194
ストックオプション ·················· 26
砂川政教分離 (空知太神社) 訴訟
　　　　　　　　　　　········· 78, 86, 90
砂川政教分離 (富平神社) 訴訟 ··· 83, 84
政教分離原則 ··············· 78, 79, 80, 83
政権与党に対する司法権の独立性 · 125
政治領域への適法性コントロール · 139
絶対的上告理由 ················ 69, 70, 72
選挙管理委員会 ············ 119, 134, 197
選挙権 ····················· 103, 108, 114
選挙された代表者 ··················· 106
選挙制度の安定性 ··················· 190
選挙制度の憲法への適合性 ··········· 172
選挙訴訟 ······················ 4, 39, 139
選挙人名簿に関する訴訟 ········· 48, 60
選挙人名簿の登録に関する訴訟 ···· 108
選挙の基本原則 ····················· 114
選挙の効力に関する争訟 ············· 47
選挙の効力に関する訴訟 ········· 41, 59
選挙の効力の適法性と安定性 ········· 58
選挙無効訴訟の事情判決 ······ 177, 179
争訟の具体性 ························· 9

213

事 項 索 引

争訟の主観的権利性 ……………………9
損なわれた裁判の威信 …………196
訴訟上の信義則 …………………88
訴訟制度の理念 ………………88, 89
訴訟手続上の技術的当事者 62, 127, 206
訴訟という手続的保障 …………35
訴訟による公益の適正な実現 ………66
訴訟費用敗訴者負担の原則 ………208
租税法規の特色 …………………27

【た 行】

代償金 …………… 181, 182, 183, 193, 196
対世効 …… 27, 28, 63, 84, 92, 205, 206, 207
代表者の非違行為 ………………124
代表民主制 ………………………172
対話的違憲審査 …………………189
団体訴訟 ………………… 28, 137, 138
地方議会の立法過程 ……………142
地方公共団体に対する国の関与に
　関する訴え …………………15
地方公共団体の長と議会の間の権
　限争議に対する訴訟 …………4
地方自治の本旨 ……… 55, 105, 107, 108
地方自治法 ………… 4, 15, 78, 104, 200
　10 条 ……………………… 107, 108
　12 条 ……………… 103, 123, 134, 166
　13 条 …………………………103
　74 条 …………………………166
　74 条の 2 ………………… 52, 53, 60
　75 条 …………………………135
　76 条 …………………………52
　80 条 …………………………52
　81 条 …………………………52
　85 条 …………………………52
　86 条 …………………………52
　87 条 …………………………52
　94 条 …………………………104

96 条 ………………… 94, 109, 110
118 条 …………………… 16, 52
127 条 ………………………16
138 条の 2 …………………109
176 条 …………………… 4, 15
192 条 ………………………53
196 条 ………………………113
238 条の 3 …………………109
239 条 ………………………109
242 条 ………… 54, 55, 86, 105, 135
242 条の 2 ·· 4, 11, 25, 55, 57, 61, 78, 83,
　　86, 94, 104, 105, 126, 136,
　　138, 197, 198, 200, 201, 208
243 条の 2 ………………… 55, 113
251 条の 5 ………………… 15, 68
251 条の 6 ………………… 15, 68
251 条の 7 ………………………68
252 条 ………………………68
258 条 ………………………60
261 条 ………………………53
262 条 ………………………54
中央選挙管理会 …………… 119, 134, 197
抽象的規範統制 …………………15
町村総会 …………………………104
直接請求 ………… 103, 104, 123, 126
　――に関する訴訟 ………………51
　――の条例による選挙制度改正 · 123
直接選挙 …………………………114
直接的政治参加 …………………103
直接民主主義 ……………………104
適格環境団体 ……………………138
適正手続の保障 ………………… 27, 63
適正な法秩序の維持 ……………94
適法性ブロックを構成する法規範
　………………………………31, 32
適法な選挙の再実施 ……………165
適法に確定された事実 …………75

214

事項索引

手続過程の司法審査 ……………… *147*
手続的合憲性 ……………………… *156*
手続的審査方式 · *146, 147, 149, 150, 160*
手続的適法性の保護 ……………… *18*
手続法上の権利 …………………… *17*
同一の……公益上の請求 ………… *200*
当事者間の争訟 …………………… *24, 29*
当事者主義 ………………… *24, 29, 35, 62,*
　　　　　　　　　　86, 87, 204, 205
　　──に基づく権利救済のための
　　司法手続 ……………………… *90, 97*
当事者訴訟 ………………………… *61*
当選の効力に関する争訟 ………… *47, 58*
当選の効力に関する訴訟 ………… *45, 59*
投票価値の平等 · *115, 116, 119, 121, 122,*
　　　　　　　152, 156, 173, 174, 180,
　　　　　　　183, 184, 186, 189, 190
投票価値の平等性 ………………… *171*
投票価値の不平等状態の積み重ね · *169*
投票と民主政の過程 ……… *160, 162, 163*
投票と民主制のプロセス ………… *124*
特定個人の訴訟追行の巧拙 …… *62, 206*
都道府県単位の選挙区制 ………… *152*
取消訴訟 …………………………… *36*
　　──における訴えの利益の限界 … *38*
　　──の客観化 ………………… *37*
　　──の客観化の限界 ……… *37, 38*

【な行】

内閣総理大臣の靖国神社への公式
　参拝事件 ………………………… *129*
日光太郎杉事件の控訴審 ………… *147*
日本国憲法
　6条 ……………………………… *125*
　13条 …………………………… *149*
　14条 ……………………… *114, 158*
　15条 …………………………… *114*

20条 ……… *79, 80, 129, 130, 131, 132*
31条 ………………… *27, 63, 149, 207*
32条 ………… *14, 27, 63, 70, 207*
41条 …………………………… *19, 153*
43条 …………………………… *114, 121*
44条 …………………………… *114, 121*
45条 …………………………… *187*
46条 …………………………… *118*
47条 …………………………… *114, 121*
50条 …………………………… *154*
51条 …………………………… *181*
55条 …………………………… *154*
56条 …………………………… *118*
58条 …………………………… *154*
65条 …………………………… *19, 153*
76条 · *12, 19, 20, 21, 22, 23, 89, 153*
79条 …………………………… *125*
80条 …………………………… *125*
81条 ……… *21, 22, 23, 70, 121, 123,*
　　　　　　131, 141, 154, 163, 191
89条 ………… *79, 80, 129, 131, 132*
92条 …………………………… *107, 108*
93条 …………………………… *106*
95条 …………………………… *53, 103*
96条 …………………………… *103*
98条 …………………… *121, 131, 168*
99条 …………………………… *187*
日本国憲法の改正手続に関する法
　律 ………………………………… *54*
日本弁護士連合会 ………………… *137*
ノーアクションレターサービス
　（行政機関による法令適用事前
　確認手続） ……………………… *28*
納税者訴訟 ………………… *132, 139*

【は行】

破　棄 ……………………………… *72, 73*

215

事項索引

破棄事由……*73, 74, 77, 83, 87, 91, 92, 93*
判決における応答義務……………*93*
判決の後始末…………………………*119*
判決の強制執行方法としての間接
　強制……………………………………*183*
判決の対世性………………………*200*
判断過程の手続的審査方式……*146*
判例政策………………………………*36, 37*
非拘束名簿式比例代表制…………*142*
非申請型の義務付けの訴え……*186*
一つの公益上の請求………………*201*
1人別枠方式……………………*122, 188*
　――の廃止立法………………*184, 186*
秘密選挙………………………………*114*
平等選挙………………………………*114*
不賢明な立法の是正………………*160*
普通選挙………………………………*114*
不服申立前置…………………………*25*
不服申立前置主義……………………*15*
プロセスの成果………………………*34, 35*
平成16年の行訴法改正（平成16
　年法律84号）……………*18, 36, 197*
平成24年法律94号による改正……*171*
平成27年法律60号による公選法
　改正……………………………………*184*
平成28年法律49号………………*189, 190*
平成29年法律58号………………*189, 190*
弁護士費用……………………………*61, 126*
　――の公費負担……………………*207*
弁護士報酬……………………………*138, 197*
弁論主義……*27, 59, 62, 87, 88, 90, 92, 204*
法規の適正な執行……………………*20, 28*
法規の適用の客観的適正……………*203*
法規の適用の適正……………………*11*
法秩序を回復するための訴訟………*31*
法定の上告理由………………………*77*
法の基本原則の適用…………………*168*

法の支配………………………………*9, 30*
　――の基本理念………………*9, 65, 195*
　――の重大な危機……………*166, 191*
法の遵守に貢献した公益の代表者·*197*
法の適正な秩序の遵守……………*203*
法律上の争訟…………*10, 11, 20, 24, 187*
　――の裁判……………………………*12*
　――を離れる訴訟…*11, 12, 24, 29, 30*
「法律上の争訟」性の擬制………*20, 21*
法律上の利益を有する者……………*36*
法律審…………*68, 74, 75, 82, 89, 92, 93*
法律審である上告審…………………*68*
法令解釈の統一………………*69, 70, 71*
本人訴訟………………………………*126*
本来は行政たる作用…………………*19*

【ま行】

みなし上告……………………………*91*
民事訴訟法
　61条………………………………*208*
　247条………………………………*75*
　312条………………………*69, 73, 77, 91*
　316条………………………………*71*
　317条………………………………*98*
　318条…*70, 71, 73, 74, 87, 91, 98*
　320条………………………………*73, 76*
　321条………………………………*74, 76*
　322条………………………*76, 77, 93*
　325条…*72, 73, 75, 76, 91, 92, 95*
　――に拠る職権破棄手続………*95*
民衆争訟………………………………*16*
民衆訴訟………*3, 4, 13, 20, 31, 67,*
　　　　　　　86, 167, 186, 201
　――・機関訴訟の本質…………*24, 26*
　――の裁判所による解釈的創設…*44,*
　　　　　　　　　　45, 133
　――の本質……………………………*57*

216

事 項 索 引

民主主義原理……………………… *160*
民主主義国家……………………… *160*
民主主義と司法審査 ……………… *141*
民主的議論 ………………………… *23*
民主的政治過程のゆがみ………… *174*
民主的に決定された政策的措置…… *149*
申立権 ……………………………… *72*

【や行】

よき判例政策……………………… *39*

【ら行】

濫上告 ……………………………… *98*
濫上告受理申立て ………………… *98*
利益再調整型司法………… *34, 35, 137*
利益相反の排除 …………………… *109*
立憲法治…………………………… *185*

立憲法治国家……………………… *185*
立法過程の司法審査 ………… *142, 145,*
　　　　　　　　　　146, 153, 162
　──の有意性 …………………… *163*
立法過程の手続的合憲性………… *156*
立法裁量権の限界………………… *157*
立法裁量の判断過程 · *150, 151, 161, 162*
　──の手続的審査 ……………… *154*
立法の不作為…………… *157, 158, 159*
　──に対する個人への賠償責任
　………………………………… *181, 194*
立法府の選挙制度選択にかかる裁
　量 ………………………………… *121*
両院の議事手続 …………………… *155*
類似必要的共同訴訟 ………… *199, 200*
連座訴訟…………………………… *48*

217

判 例 索 引

［最高裁判所判例］

最大判昭和 27 年 10 月 8 日民集 6
巻 9 号 783 頁（警察予備隊違憲
訴訟）……………………………… *22*

最大判昭和 28 年 4 月 15 日民集 7
巻 4 号 305 頁（衆議院解散無効確
認請求訴訟）…………………… *22*

最判昭和 28 年 11 月 17 日行集 4
巻 11 号 2760 頁………………… *10*

最判昭和 36 年 3 月 30 日民集 15
巻 3 号 629 頁 ………………… *203*

最判昭和 37 年 3 月 7 日民集 16 巻
3 号 445 頁（警察予算支出禁止
事件）………………… *107, 144*

最判昭和 38 年 3 月 12 日民集 17
巻 2 号 318 頁 ……… *55, 105, 107*

最判昭和 38 年 3 月 15 日民集 17
巻 2 号 376 頁 ………………… *25*

最大判昭和 39 年 2 月 26 日民集 18
巻 2 号 353 頁 ………………… *14*

最判昭和 46 年 4 月 15 日民集 25
巻 3 号 275 頁 ………………… *25*

最判昭和 46 年 10 月 28 日民集 25
巻 7 号 1037 頁（個人タクシー
事業の免許申請の審査と公正
手続）………………………… *147*

最判昭和 49 年 4 月 9 日判時 740
号 42 頁 ……………………… *97*

最判昭和 49 年 5 月 30 日民集 28
巻 4 号 594 頁 ………………… *14*

最判昭和 50 年 5 月 29 日民集 29
巻 5 号 662 頁 ………………… *147*

最大判昭和 51 年 4 月 14 日民集 30

巻 3 号 223 頁 ···· *42, 45, 132, 133, 134,*
165, 167, 168, 171,
172, 176, 179, 182, 192

最判昭和 51 年 6 月 17 日民集 30
巻 6 号 592 頁 ………………… *87*

最大判昭和 52 年 7 月 13 日民集 31
巻 4 号 533 頁（津地鎮祭事件）
……………………… *106, 128*

最判昭和 53 年 3 月 14 日民集 32
巻 2 号 211 頁（主婦連ジュース
不当表示事件）……………… *33*

最判昭和 53 年 3 月 30 日民集 32
巻 2 号 485 頁 ………… *24, 54, 55, 86,*
94, 105, 106, 199

最判昭和 55 年 2 月 22 日判時 962
号 50 頁 ……………………… *25*

最判昭和 56 年 4 月 7 日民集 35 巻
3 号 443 頁（板まんだら事件）… *10*

最判昭和 56 年 5 月 14 日民集 35
巻 4 号 717 頁 ………………… *16*

最判昭和 57 年 9 月 9 日民集 36 巻
9 号 1679 頁（長沼ナイキ基地訴
訟事件）……………………… *33*

最大判昭和 58 年 4 月 27 日民集 37
巻 3 号 345 頁 ……………… *157, 180*

最大判昭和 58 年 11 月 7 日民集 37
巻 9 号 1243 頁……………… *175, 182*

最判昭和 60 年 1 月 22 日民集 39
巻 1 号 44 頁 ………………… *50*

最大判昭和 60 年 7 月 17 日民集 39
巻 5 号 1100 頁………… *167, 169, 172,*
174, 179, 182, 193

最判昭和 60 年 9 月 12 日判時 1171

219

判 例 索 引

号62頁（川崎市退職金支払無
効事件）……………………… *106*
最判平成4年10月29日民集46
巻7号1174頁（伊方原発訴訟）‥ *146*
最大判平成5年1月20日民集47
巻1号67頁 ………………… *193*
最判平成7年2月28日民集49巻
2号639頁………………… *49, 108*
最大判平成9年4月2日民集51
巻4号1673頁（愛媛玉串料訴訟）
……………… *54, 86, 105, 129, 199*
最判平成10年6月16日判時1648
号56頁 ……………………… *61*
最決平成11年3月9日判時1672
号67頁 ……………………… *71*
同87頁 ……………………… *69*
最大判平成11年11月10日 ……… *44*
最大判平成11年11月10日民集
53巻8号1577頁 …………… *43*
同1704頁 …………………… *44*
最判平成13年2月13日判時1745
号94頁 ……………………… *70*
最判平成13年12月18日民集55
巻7号1647頁………………… *44*
同1712頁 …………………… *43*
最判平成14年7月9日民集56巻
6号1134頁（宝塚市パチンコ店
規制条例事件）……………… *10, 11*
最決平成14年10月30日裁時
1327号1頁 ………………… *72*
最大判平成16年1月14日民集58
巻1号1頁 ……………… *44, 143*
同56頁 ……… *116, 117, 127, 143,*
150, 154, 155, 160
最判平成16年10月15日判例集
不登載……………………… *109*
最判平成16年12月7日判時1881

号51頁 ……………………… *43*
最判平成17年1月25日民集59
巻1号64頁（所得税更正処分
等取消請求事件）…………… *26*
最判平成17年7月14日判時1911
号102頁 …………………… *88*
最大判平成17年9月14日民集59
巻7号2087頁……………… *158, 181*
最判平成17年9月27日判時1911
号96頁 ……………… *25, 203*
最判平成17年10月28日民集59
巻8号2296頁………… *26, 127, 199*
最判平成18年6月23日判時1940
号122頁 …………………… *131*
最判平成18年7月13日判時1946
号41頁（不安神経症患者による
選挙権訴訟上告審判決）………… *159*
最判平成18年10月27日判時1954
号38頁 ……………………… *43*
最判平成18年11月2日民集60巻
9号3249頁（小田急高架訴訟上
告審判決）…………………… *148*
最大判平成19年6月13日民集61
巻4号1617頁………………… *5*
最決平成20年5月8日判時2011
号116頁 …………………… *14*
最判平成21年4月23日民集63
巻4号703頁………………… *61*
最決平成21年6月30日判時2052
号48頁 ……………………… *69*
最大判平成21年9月30日民集63
巻7号1520頁……………… *115, 116,*
117, 120, 128
最大判平成22年1月20日民集64
巻1号128頁（空知太神社訴訟）
……………………… *78, 83, 129*
最判平成22年10月14日判時

220

判 例 索 引

2098 号 55 頁 ……………… *88*

最大判平成 23 年 3 月 23 日民集 65
巻 2 号 755 頁 ………… *122, 174, 183,*
184, 186, 187, 188

最判平成 24 年 2 月 16 日民集 66
巻 2 号 673 頁 ……………… *80*

最判平成 24 年 4 月 20 日判時 2168
号 45 頁（大東市債権放棄議決
事件上告審判決）… *107, 110*

最判平成 24 年 4 月 20 日民集 66
巻 6 号 2583 頁（神戸市債権放棄
議決事件上告審判決）… *107, 110*

最判平成 24 年 4 月 23 日民集 66
巻 6 号 2789 頁（さくら市債権
放棄議決事件上告審判決）……… *110*

最判平成 24 年 9 月 25 日判例集不
登載 …………………… *44*

最大判平成 24 年 10 月 17 日裁判
所ウェブサイト …… *170, 171, 180, 184*

最大判平成 24 年 10 月 17 日民集
66 巻 10 号 3357 頁 ……… *5, 118, 119,*
121, 122

最決平成 24 年 11 月 30 日訟務月
報 60 巻 1 号 79 頁 ……………… *187*

最決平成 24 年 11 月 30 日判時
2176 号 27 頁 ………………… *44, 133*

最大判平成 25 年 11 月 20 日民集
67 巻 8 号 1503 頁 ……… *120, 180, 189*

最決平成 26 年 7 月 9 日判時 2241
号 20 頁 ……………… *45*

最判平成 26 年 11 月 10 日判例集
不登載 ……………… *44*

最大判平成 26 年 11 月 26 日民集
68 巻 9 号 1363 頁 ………*5, 122, 171,*
172, 173, 184

最大判平成 27 年 11 月 25 日民集
69 巻 7 号 2035 頁 ……… *5, 188, 189*

最大判平成 27 年 12 月 16 日民集
69 巻 8 号 2427 頁（再婚禁止期
間違憲訴訟）…………………… *159*

最大判平成 29 年 9 月 27 日民集 71
巻 7 号 1139 頁 …………… *184*

最決平成 29 年 10 月 31 日判時
2357 = 2358 号 1 頁 ………… *45*

最大判平成 30 年 12 月 19 日判時
2403 号 4 頁 ……………… *189, 192*

[高等裁判所判例]

福岡高判昭和 29 年 11 月 20 日行
集 5 巻 11 号 2596 頁 …………… *205*

大阪高判昭和 30 年 8 月 9 日民集
16 巻 3 号 472 頁 ……………… *145*

東京高判昭和 48 年 7 月 13 日行集
24 巻 6 = 7 号 533 頁 …………… *147*

東京高判昭和 49 年 7 月 19 日行集
25 巻 7 号 881 頁 …………… *33*

札幌高判昭和 51 年 8 月 5 日民集
36 巻 9 号 1890 頁 …………… *13*

名古屋高判昭和 51 年 10 月 18 日
民集 32 巻 2 号 510 頁 ………… *4*

東京高判昭和 59 年 12 月 20 日行
集 35 巻 12 号 2288 頁 ………… *17*

福岡高宮崎支判平成 7 年 12 月 11
日判例集不登載 ……………… *4*

東京高判平成 9 年 6 月 18 日判時
1618 号 69 頁 …………… *155*

東京高判平成 12 年 12 月 26 日判
時 1753 号 35 頁 …………… *109*

東京高判平成 13 年 6 月 14 日判時
1757 号 51 頁 …………… *17*

東京高判平成 14 年 10 月 30 日民
集 58 巻 1 号 38 頁 …………… *142*

名古屋高金沢支判平成 15 年 1 月
27 日判時 1818 号 3 頁（もんじゅ

判 例 索 引

原発訴訟)……………………… 148
福岡高那覇支判平成 16 年 10 月 14
　日裁判所ウェブサイト…………… 14
大阪高判平成 17 年 9 月 30 日裁判
　所ウェブサイト………………… 130
東京高判平成 17 年 11 月 22 日裁
　判所ウェブサイト ………………4
札幌高判平成 19 年 6 月 26 日民集
　64 巻 1 号 119 頁 ……………… 79
札幌高判平成 19 年 8 月 30 日民集
　64 巻 1 号 213 頁 ……………… 83
東京高判平成 22 年 11 月 17 日判
　時 2098 号 34 頁………………… 170
札幌高判平成 22 年 12 月 6 日民集
　66 巻 2 号 702 頁 ……………… 82
東京高判平成 23 年 1 月 28 日民集
　66 巻 2 号 587 頁 ………………4
札幌高判平成 25 年 3 月 7 日裁判
　所ウェブサイト………………… 184
広島高判平成 25 年 3 月 25 日判時
　2185 号 36 頁 …………………… 173
広島高岡山支判平成 25 年 3 月 26
　日判例集不登載………………… 187
広島高岡山支判平成 25 年 11 月 28
　日裁判所ウェブサイト……… 119, 173
福岡高那覇支判平成 28 年 9 月 16
　日民集 70 巻 9 号 2727 頁………… 14
高松高判平成 29 年 1 月 31 日判タ
　1437 号 85 頁（鳴門市競艇事業
　に係る公金違法支出事件）……… 111

　　　[地方裁判所判例]
東京地判昭和 27 年 2 月 27 日行集

3 巻 1 号 201 頁（日本学術会議
　会員選挙事件）………………… 11
大阪地判昭和 30 年 2 月 15 日民集
　16 巻 3 号 464 頁 ……………… 144
広島地判昭和 35 年 5 月 24 日民集
　15 巻 3 号 637 頁 ……………… 53
東京地判昭和 38 年 12 月 25 日民
　集 29 巻 5 号 715 頁（一般乗合旅
　客自動車運送事業の免許申請却
　下処分取消請求事件）………… 147
松山地判昭和 53 年 4 月 25 日行集
　29 巻 4 号 588 頁 ……………… 147
大阪地判平成 5 年 6 月 29 日民集
　49 巻 2 号 670 頁 ……………… 49
東京地判平成 8 年 5 月 10 日判時
　1579 号 62 頁 …………………… 11
東京地判平成 13 年 10 月 3 日判時
　1764 号 3 頁…………………… 148
新潟地判平成 15 年 7 月 17 日裁判
　所ウェブサイト………………… 109
福岡地判平成 16 年 4 月 7 日判時
　1859 号 125 頁（九州靖国訴訟）‥ 130,
　　　　　　　　　　　　　　　　131
札幌地判平成 18 年 3 月 3 日民集
　64 巻 1 号 89 頁………………… 79
札幌地判平成 18 年 11 月 30 日民
　集 64 巻 1 号 183 頁…………… 83
東京地判平成 25 年 1 月 23 日判時
　2189 号 29 頁（檜原村債権放棄
　議決事件）……………………… 111
大阪地判平成 27 年 9 月 3 日判自
　415 号 13 頁…………………… 61
群馬中央バス事件の東京地裁判決‥ 149

222

〈著者紹介〉

山岸 敬子（やまぎし・けいこ）

明治大学専門職大学院法務研究科教授
長野県長野市に生まれる。
大阪大学法学部卒業。一橋大学大学院法学研究科博士後期課程単位取得退学。
博士（法学，一橋大学）。
中京大学法学部教授・同大学院法学研究科教授を経て，現職。

〈主要著作〉『行政権の法解釈と司法統制』（勁草書房，1994 年）
『客観訴訟の法理』（勁草書房，2004 年）
『J.リヴェロ著フランス行政法』（共訳，東京大学出版会，1982 年）

客観訴訟制度の存在理由

2019（令和元）年 9 月 26 日　第 1 版第 1 刷発行
3671-2 : 020-040-010-4200e

©著 者　山 岸 敬 子
発行者　今井 貴・稲葉文子
発行所　株式会社 信 山 社

〒113-0033　東京都文京区本郷 6-2-9-102
Tel 03-3818-1019　Fax 03-3818-0344
笠間才木支店　〒309-1600 茨城県笠間市笠間 515-3
Tel 0296-71-9081　Fax 0296-71-9082
笠間来栖支店　〒309-1625 茨城県笠間市来栖 2345-1
Tel 0296-71-0215　Fax 0296-72-5410
出版契約 2019-3671-2-01011　Printed in Japan, 2019

印刷・ワイズ書籍(M)　製本・牧製本 p.236
ISBN978-4-7972-3671-2 C3332 ¥4200E 分類323.900-001

JCOPY 〈(社)出版者著作権管理機構 委託出版物〉
本書の無断複写は著作権法上での例外を除き禁じられています。複写される場合は，
そのつど事前に，(社)出版者著作権管理機構(電話03-3513-6969，FAX03-3513-6979,
e-mail: info@jcopy.or.jp)の許諾を得てください。

行政法研究 25号 宇賀克也 責任編集

<目次>
（対談）次世代医療基盤法の意義と課題〔宇賀克也・岡本利久〕
◆1 客観訴訟と上告制度〔山岸敬子〕
◆2 都市計画法32条の公共施設管理者の不同意と処分性〔田村泰俊〕
◆3 消費者行政法の実践〔橋本博之〕
◆4 原告適格要件と本案勝訴要件の関係について〔山下竜一〕
◆5 行政調査論の基礎的構成〔須田　守〕
◆行政法ポイント判例解説〔板垣勝彦〕

行政手続・行政救済法の展開
── 西埜章先生・中川義朗先生・海老澤俊郎先生喜寿記念

碓井光明・稲葉馨・石崎誠也 編

・執筆者（掲載順）
稲葉　馨／山岸敬子／岸本太樹／髙橋正人／藤原靜雄／大脇成昭／碓井光明／北見宏介
石森久広／今村哲也／石崎誠也／小原清信／下井康史／渡邊榮文／駒林良則／下山憲治
今本啓介／松塚晋輔／和泉田保一／原島良成／柳憲一郎／小澤久仁男／伊川正樹

信山社